KB201814

뭘모아싫

[일러두기]
· 지명, 인명, 상호 등의 표기는 외래어 표기법을 따랐으나 몇몇 예외를 두었습니다.
· 환율은 1달러는 1,100원, 1파운드는 1,500원, 1대만달러는 40원, 1홍콩달러는 155원,
  1위안은 200원으로 환산했습니다.

뭘 할지는 모르지만 아무거나 하긴 싫어

초판 1쇄   2019년 10월 1일 발행
초판 2쇄   2019년 10월 14일 발행

지은이   이동진, 최경희, 김주은, 민세훈
펴낸이   이동진
편집   이동진
디자인   트래블코드, 장유진
교정교열   김이화
인쇄   영신사

펴낸곳   트래블코드
주소   서울시 종로구 종로 51 19층 104호
이메일   contact@travelcode.co.kr
출판등록   2017년 4월 11일 제300 2017 54호

ISBN   979-11-966077-0-8
정가   15,000원

뭘 할지는 모르지만 아무거나 하긴 싫어

이번 여행이 끝나면
새로운 생각이 차오릅니다

기획은 마법과 같은 단어입니다. 사업, 전략, 마케팅, 콘텐츠, 제품, 서비스 등 어디에 갖다 붙여도 어색하지 않습니다. 심지어 앞에 위치한 단어의 가치를 높여주는 역할도 합니다. 이렇듯 만능에 가까운 기획을 영어로 번역하면 어떻게 될까요? 마땅한 단어를 찾기 어렵습니다. 영어 사전에 의하면 Planning, Design, Project 등으로 표현할 수 있지만, 기획의 뉘앙스를 살리진 못합니다.

그렇다면 만능에 가까우면서도 영어로는 제대로 번역하기조차 어려운 기획의 정체는 무엇일까요? '일을 꾀하여 계획함'이라는 사전적 정의는 기획을 설명하는 필요조건일 뿐 충분조건은 아닙니다. 사람들이 '기획'이라는 말을 쓸 때 바라는 바를 담고 있지 않기 때문입니다. 세상이 기획에 암묵적으로 기대하는 것은 '새로움'입니다. 하지만 마냥 새롭기만 해서는 안되고, 공감을 이끌어 낼 수 있을 만큼만 새로워야 합니다. 그래서 누구나 일을 꾀하여 계획할 수는 있지만, 아무나 진짜 기획을 할 수 있는 건 아닙니다.

'새로운 게 없을까?'

사업, 전략, 마케팅, 콘텐츠, 제품, 서비스 등 영역을 막론하고 기획을 하는 사람들이 입에 달고 사는 질문입니다. 그도 그럴 것이, 세상이 바라는 기획을 하려면 새로워야 하기 때문입니다. 하지만 기획자라고 해서 늘 새로운 아이디어가 떠오르란 법은 없습니다. 게다가 새롭기 위한 새로움이 아니라 세상이 받아들일 수 있는 정도의 새로움이라면 아이디어 내기가 더 어렵습니다. 기대와 현실의 괴리 속에서 기획자는 괴로워집니다. 뭘 할지는 모르지만, 그렇다고 아무거나 하기 싫은 상황이 기획자가 처한 기본값입니다.

이 역설적인 숙명이 때로는 기획자를 무기력하게 만듭니다. 아이디어를 짜낼 만큼 짜내서 더이상 나올 기미가 보이지 않는데도 아무거나 하고 싶지 않을 때는, 진도를 못 나갑니다. 여기에 마감이라는 시간의 압박까지 더해지면 보이지 않는 고통이 가슴을 조여옵니다. 반대로 뭘 할지에 대한 답은 찾았지만 그것이 평범한 생각일 때는, 새로움을 포기하고 스스로와 타협을 해야 합니다. 기획자의 심장을 뛰게 하는, 보이지 않는 보상인 박수를 기대하기 어렵습니다. 두 경우 모두 괴롭기는 마찬가지입니다. 천재 기획자가 아닌 이상 세상이 기획자에 요구하는 새로움을 장착하기 위해선 대책이 필요합니다.

'새로운 게 있을까?'

안타깝게도 새로운 아이디어를 내는 새로운 비법은 없습니다. 하늘 아래 새로운 건 없으니 기존의 것을 바탕으로 무언가를 더하거나, 빼거나, 바꾸어 새로움을 만들어야 한다는 조언 이상의 공식은 찾을 수 없습니다. 익숙한 새로움을 추구한다거나, 본 적 있는 듯하지만 본 적 없는 것을 만든다거나, A를 A'로 변형해 본다거나 하는 등 새로움을 만드는 방법에 대한 표현은 달라도 본질은 같습니다. 결국 '뻔한 것을 뻔하지 않게 만드는 힘'이 기획의 핵심입니다.

그래서 기획자라면 뻔한 것들에 대한 지식을 갖춰야 하고, 이를 뻔하지 않게 발전시킨 사례를 탐구해야 합니다. 지식과 사례 등 '생각의 재료'가 있어야 뭘 할지는 모르지만 아무거나 하기 싫은 상황을 뚫고 나갈 수 있는 추진력이 생깁니다. 책, 강연, 영화, 대화, 여행 등 생각의 재료를 구할 수 있는 인풋 소스는 다양합니다. 물론 소스별로 저마다의 장점이 있지만 그중에서도 극약처방이 필요하다면 여행에 주목해볼 필요가 있습니다.

'새로울 게 있을까?'

여행이라고 해서 여느 소스들과 다를지에 대한 의문이 들수 있습니다. 오히려 일상 속 소스들과 달리 비용과 시간이 더많이 소요되는 비효율적인 방식일지도 모릅니다. 하지만 휴식을 위한 여행이 아니라 생각의 재료를 구하기 위한 여행을 떠나면, 여행의 효용이 달라집니다. '평소와의 다름'과 '일상과의 단절'을 동시에 경험하면서 다른 소스에서는 찾을 수 없는 여행의 독점적 매력을 발견할 수 있습니다.

우선 도시마다 생활 방식, 소비 문화, 소득 수준 등이 다릅니다. 그래서 다른 도시에 가보면 뻔하다고 생각했던 것들이 뻔하지 않게 펼쳐져 있습니다. 제품, 매장, 시스템 등에 대한 고정관념과 생각의 틀이 깨지며 평소와의 다름이 보입니다. 또한 여행지에선 머무는 공간이 바뀌어 생각에 숨 쉴 구멍이 생깁니다. 머릿속을 떠나지 않던 고민이 사라지기도 하고, 기억 저편에 묻혀 있던 생각이 소환되기도 합니다. 일상과의 단절로 새로운 아이디어가 차오를 수 있는 환경이 마련되는 셈입니다. 뭘 할지는 모르지만 아무거나 하긴 싫을 때, 여행이 필요한 이유입니다.

'새로워질 수 있을까?'

물론 여행을 다녀오는 것만으로 반드시 생각의 재료를 구할 수 있는 것은 아닙니다. 여행은 누구나 새로워질 수 있는 계기를 만들어 주지만, 기획자가 바라는 새로움은 보통의 여행에서 얻을 수 있는 새로움과는 다릅니다. 생각의 재료를 발견하겠다는 관점이 없다면 여행지에서 볼 수 있는 평소와의 다름도 스쳐서 지나가는 풍경일 뿐이고, 여행지에서 경험하는 일상과의 단절도 조각나 이어진 시간일 뿐입니다.

그렇다면 기획자는 어떤 관점으로 여행을 해야 새로워질 수 있을까요? 정답은 없지만《뭘 할지는 모르지만 아무거나 하긴 싫어》에서는 4가지의 관점으로 여행을 떠나, 기획을 새로워지게 하는 생각의 재료를 수집해 보고자 합니다. 올드했던 과거의 요소를 재해석하거나, 평범했던 고객 경험을 다채롭게 설계하거나, 당연했던 고정관념을 파괴하거나, 혹은 앞서가는 미래 기술을 도입하는 등의 방법으로 뻔한 것을 뻔

하지 않게 만들려는 고민의 과정을 관찰하고 디코딩^{Decoding}하
는 것입니다.

'새로워진 건 뭘까?'

《퇴사준비생의 도쿄》 또는 《퇴사준비생의 런던》을 읽
으신 독자분들은 짐작하실 수 있겠지만, 이 책은 '퇴사준비생
의 여행(www.bagtothefuture.co)' 시리즈에서 파생된 스핀오프^{Spin-}
^{off} 콘텐츠입니다. 그래서 콘텐츠의 구성 방식과 서술 방식이
동일합니다. 스핀오프 콘텐츠라 변형을 줄 수도 있는데, 의도
적으로 기존의 방식을 유지했습니다. 여행지를 비즈니스적 관
점으로 관찰하고 디코딩하는 방식 자체를 시그니처로 이어가
고 싶었기 때문입니다. 그러면서도 '퇴사준비생의 여행' 시리
즈와 달라진 점도 있습니다.

핵심적인 차이는 도시별이 아니라 주제별로 엮었다는 점
입니다. '퇴사준비생의 여행' 시리즈는 하나의 도시에서 다양
한 업종을 다뤘지만, '뭘 할지는 모르지만 아무거나 하긴 싫어'
시리즈는 업종을 중심으로 여러 도시에서 발견한 사례를 담았
습니다. 이번 책은 타이베이, 홍콩, 상하이, 런던, 뉴욕, 샌프
란시스코 등 6개 도시에서 발견한 식음료업에 대한 내용으로

이루어져 있습니다. 식음료는 여행에서 빼놓을 수 없는 영역이기도 하고, 맛만큼이나 기획적 요소가 중요한 분야라 시리즈의 첫 번째 업으로 선택했습니다. 업계에 몸담고 있는 기획자라면 직접적인 자극을 받을 수 있고, 업계가 다르더라도 타업종에서 뻔한 것을 뻔하지 않게 만드는 방법을 보면서 영감을 얻을 수 있는 구성입니다.

이번 여행이 끝나면 새로운 생각이 차오를 수 있길 바라면서, 지금부터 뭘 할지는 모르지만 아무거나 하긴 싫은 기획자의 여행을 시작합니다.

고객 경험을
바꿔보면 어떨까?

'인 시투'에서는 세계 각국의 미쉐린 스타 레스토랑의 요리를 맛볼 수 있습니다. 그들의 레시피를 그대로 카피해 맛부터 플레이팅까지 똑같이 선보이기 때문입니다. 그런데 이 레스토랑도 독창성을 인정받아 미쉐린 스타를 달았습니다. 어찌된 영문일까요?

'써니힐즈'는 시식을 위한 매장을 운영합니다. 매장에 방문하는 모든 고객에게 자리를 안내하고 대만 국민 과자인 펑리수를 무료로 대접하는 것입니다. 시식을 한 후 구매를 할지 말지는 당연히 고객의 선택입니다. 과연 써니힐즈는 수익을 낼 수 있을까요?

'원 하버 로드'에는 셰프스 테이블이라는 메뉴가 있습니다. 5성급 호텔 내에 있는 레스토랑이라 일반 코스 메뉴도 비싼데, 그보다 50% 가량 더 비싼 메뉴입니다. 식사 장소나 음식 재료가 더 나아지지 않은 상황에서 어떻게 가격을 더 높일 수 있는 걸까요?

미래 기술을
도입해 본다면?

≋ 우선 과거를 재해석해 보자

잇 달링 잇

추억의 맛을 초현실적으로 소환하는 디저트 가게

낯선 익숙함이 날선 새로움을 만든다

홍콩은 미식의 도시답게 길거리 음식도 《미쉐린 가이드 Michelin guide》에 소개됩니다. 미쉐린 가이드에서 길거리 음식에 별점을 매긴 것이 아니라, 예외적으로 홍콩에 대해서 '미쉐린 스트리트 푸드Michelin Street Food' 섹션을 추가한 것입니다. 길거리 음식은 빨리 만들어야 하고 협소한 매장에서 손님들이 간편하게 먹을 수 있어야 하기에 정찬 요리만큼의 완성도를 기대하기는 어렵습니다. 반면에 정찬 요리에서는 흉내 내기 어려운 고유한 풍미와 개성이 있습니다.

미쉐린 스트리트 푸드 가이드에 소개된 20여 개 음식점의 대부분은 오랜 세월 홍콩인과 동고동락한 로컬 음식을 주 메뉴로 합니다. 국수, 딤섬, 덮밥 등 식사류도 있지만, 홍콩 로컬 간식도 다수 포함되어 있습니다. 에그 와플, 두부 푸딩, 탕 위안汤圆, 통 수이糖水, 두부피 수프 등 그 종류도 다양합니다. 케이크, 쿠키 등 베이커리류가 주를 이루는 서양 디저트와는 달리 홍콩식 디저트는 보통 찌고 끓이는 방식으로 만듭니다. 이를테면, 탕 위안은 녹두, 흑임자 등으로 소를 채운 찹쌀 경단을 삶아 먹는 음식으로, 밤에 간단히 먹기에 부담이 없고 속도 따뜻해져서 날씨가 쌀쌀해질 무렵 홍콩 사람들에게 사랑받는 야식입니다.

미쉐린 가이드에서 번외편을 낼 만큼 주목받는 홍콩식 주전부리의 가치를 홍콩의 셰프들이 모를 리 없습니다. 그래서 다양한 곳에서 홍콩의 로컬 간식을 만나볼 수 있는데, 그중에서도 주목할 만한 곳이 전통적인 맛을 새롭게 풀어낸 '잇 달링 잇Eat Darling Eat'입니다. 홍콩 간식에 대한 추억이 없다면 그저 맛있는 디저트로 밖에 안 보이겠지만, 홍콩인들이라면 '아하, 그거!'하면서 무릎을 탁 칠 만한 메뉴들입니다. 우리로 치자면 인절미, 약과, 떡볶이 같은 전통 로컬 간식을 색다르게 선보이는 셈인데, 잇 달링 잇은 사람들에게 익숙한 맛을 어떻게 재해석했을까요?

요리의 형태를 바꾼다

먼저 잇 달링 잇의 시그니처 메뉴인 고구마 통 수이를 맛보겠습니다. 통 수이를 직역하면 '달콤한 물'인데 여러 가지 재료와 설탕을 넣어 푹 고아 만드는 홍콩식 후식입니다. 고구마 통 수이는 물, 고구마, 생강, 야채, 전분을 한 데 넣고 끓이며, 자색 고구마를 넣으면 보라색으로 변하는 것이 특징입니다.

보통은 사발에 국이 담겨 나오지만, 잇 달링 잇에서 고구마 통 수이를 시키면 접시 위에 케이크가 올려져 나옵니다. 잘못시켰나 싶을 정도입니다. 그런데 잘 보면 접점이 한 두 가지가 아닙니다. 일단 케이크를 고구마로 만들고 케이크 주변을 잘게 썬 고구마로 장식합니다. 그 위에 보라색 타로 아이스크림을 얹은 후 역시 보라색의 파우더를 뿌립니다. 원래 형태의 고구마 통 수이는 소스로 별도 제공해 손님이 직접 접시 위에 부어 먹게 합니다. 짙은 보라색 소스가 접시에 퍼질 때, 다들 한 번쯤 먹어봤을 통 수이에 대한 추억을 떠올립니다.

파파야 통 수이의 변신도 놀랍습니다. 본래 파파야 통 수이는 젤라틴 같은 버섯인 스노우 펑거스^{Snow fungus}를 파파야와 함께 졸여 만든 후식입니다. 그런데 잇 달링 잇에서 파파야 통 수이를 주문하면 마스카포네 푸딩에 스노우 펑거스, 잘게 썬 파파야, 말린 파파야 칩을 곁들인 디저트가 나옵니다. 투명한 파파야 통 수이 소스는 고구마 통 수이처럼 별도로 제공됩니다. 마스카포네 푸딩이 기존 파파야 통 수이의 하얗고 투명한 느낌을 잘 살립니다. 고급진 연한 파스텔 톤 플레이트와

1
잇 달링 잇이 재해석한 고구마 통 수이입니
다. 원형과 모습이 확연히 달라졌지만 홍콩
인이라면 재료, 색상, 제형 등에서 친숙함
을 느낄 수 있습니다. ⓒEat Darling Eat

2
홍콩 전통 디저트인 고구마 통 수이입니다.
ⓒ豆果美食

3
보통 떠 먹던 월넛 스위트 수프를 케이크 필링으로 변형해 새로운 쓰임을 제안합니다.
ⓒU Food

4
홍콩 전통 디저트인 월넛 스위트 수프입니다. ⓒGlorious Soup Recipes

도 찰떡궁합입니다.

라바 케이크Lava cake는 어떻게 형태를 재해석했을까요? 라바 케이크는 퐁당 오 쇼콜라Fondant au chocolat처럼 생겼는데, 초콜릿 케이크를 가르면 월넛 스위트 수프Walnut sweet soup가 용암처럼 흘러나옵니다. 용암을 뜻하는 라바를 이름에 넣은 이유입니다. 월넛 스위트 수프는 월넛과 쌀을 갈아 가당 연유와 우유를 넣고 뭉근하게 끓인 홍콩 간식입니다. 국물 같은 제형의 통 수이와 달리 월넛 스위트 수프는 월넛이 점도를 만드는 성질이 있어 더 되직한 편입니다. 그래서 그와 가장 어울릴 법한 디저트인 초콜릿 케이크와 조합한 것입니다. 초콜릿 케이크의 단맛과 견과류 특유의 쌉싸름함이 균형을 이뤄 맛도 의외로 잘 어울립니다.

이렇듯 잇 달링 잇에서는 아예 형태를 바꿔 홍콩의 전통 주전부리를 적극적으로 재해석합니다. 그저 다른 재료를 일부 더하고 빼거나, 고급스럽고 모던하게 내놓는 데서 그치지 않고 과감하게 변화를 시도합니다. 그렇다고 기존과의 연결 고리를 모두 없애는 것은 아닙니다. 재료, 색상, 제형, 형태, 맛 등 기존 메뉴를 연상하게 하는 지점을 곳곳에 살려둡니다. 대신 모티브를 따오되 직접적이지 않고 은근하게 보여줍니다.

낯선 재료를 등판시킨다

아이스크림을 시키려고 하니 이름부터 심상치 않습니다. '중국식 생강 식초 아이스크림Chinese ginger vinegar ice cream', '쓰촨 후추 아이스크림Sichuan pepper ice cream' 등 보통 아이스크림에 쓰지 않을 법한 재료들이 버젓이 들어가 있습니다.

이 무슨 괴식인가 싶지만 홍콩인들에게는 익숙한 조합입니다. 먼저 중국식 생강 식초 아이스크림에서 생강과 식초는 홍콩에서 산후 조리할 때 먹는 '겅초薑醋'라는 국에 들어가는 재료입니다. 우리나라로 치면 미역국과 비슷한데, 생강과 식초 그리고 돼지 족발을 넣고 푹 고아 만듭니다. 광둥어로 겅초는 생강과 식초라는 뜻으로, 두 재료를 위 순서로 이야기하는 것만으로도 홍콩인들은 같은 음식을 떠올립니다. 우리가 산고를 겪어낸 어머니를 떠올리며 생일마다 미역국을 먹듯, 홍콩 사람들도 생일마다 겅초를 먹기 때문입니다. 그래서 중국식 생강 식초 아이스크림에 돼지 껍데기 튀김이 토핑으로 함께 나오는 것이 낯설지는 않습니다. 모두가 알던 그 겅초를 새로운 방식으로 경험하는 것입니다.

쓰촨 후추 아이스크림도 마찬가지입니다. 홍콩인들이 애정하는 향신료인 '쓰촨 후추'를 첨가한 매운맛 아이스크림입

1·2
쓰촨 후추 아이스크림과 중국식 생강 식초
아이스크림입니다. 로컬 음식에서 자주 쓰
는 식재료를 디저트에 활용해 로컬 음식을
연상케 합니다. ⓒEat Darling Eat

니다. 쓰촨 후추는 마라처럼 혀를 얼얼하게 만들고 향이 강합니다. 아이스크림에서도 그 존재감이 어디 가지 않아 시원한 아이스크림을 먹었음에도 입안이 후끈해지는 기이한 경험을 할 수 있습니다. 여기에 설탕에 조린 베이컨을 얹어 단맛, 짠맛, 매운맛을 한꺼번에 느낄 수 있습니다.

이렇듯 맛과 온도가 뒤섞이는 흔치 않은 경험을 할 수 있는 건, 디저트에 흔히 쓰지 않는 식재료를 썼기 때문입니다. 그중에서도 저마다의 향수를 가지고 있는 로컬 음식의 식재료를 활용했습니다. 재해석할 디저트를 만든다고 해서 로컬 디저트 자체에만 매몰되지 않고 로컬 음식 전체로 확대해 디저트에 적용한 것입니다. 식사할 때 느끼던 맛을 디저트에서 맛보니 더욱 파격적이면서 재기발랄합니다.

안 하던 플레이팅을 한다

원래 홍콩의 전통 간식들은 플레이팅이랄 게 없습니다. 예를 들어, 통 수이는 사발 한가득 부어주면 그만이고, 에그 와플도 종이에 둘둘 말아 주면 됩니다. 다른 간식들도 나무 꼬치에 꽂거나 일회용 용기에 담아주는 경우가 대부분입니다. 나름 소박한 멋이 있지만, 현대적으로 재해석한 메뉴를 예전의 방식대로 담아내기에는 아무래도 한계가 있습니다. 새 술은 새 부대에 담아야 하는 법입니다.

홍콩식 디저트를 '플레이팅 한다'는 것만으로도 낯선 느낌을 줄 수 있지만, 잇 달링 잇은 미쉐린 스타 레스토랑 급으로 플레이팅에 힘을 줍니다. 재료 간 색감의 조화와 대비, 조형적인 아름다움까지 고려해 디저트가 아니라 하나의 요리를 맛본 느낌이 듭니다.

우선 식기가 한몫합니다. 잇 달링 잇은 '러브라믹스Loveramics'의 제품을 공식적으로 씁니다. 러브라믹스는 Love of Ceramics의 준말로 전통 도자기Ceramics를 현대적으로 재해석한 브랜드입니다. 'china'라고 영문 첫 글자를 소문자로 쓰면 일반 명사로 도자기를 뜻할 정도로 홍콩을 포함한 중화권은 전통적으로 도자기의 나라입니다. 러브라믹스는 도자기의 기능성을 살리되 현대적인 디자인과 쓸모를 더해 도자기의 장르를 새롭게 개척했습니다. 이를테면 도자기로 만든 커피 컵이 라떼 바리스타 챔피언십 대회의 공식 스폰서 컵으로 선정되고 'iF 디자인 어워드'를 수상하는 쾌거를 거두기도 했습니다.

러브라믹스는 전통을 재해석했다는 면에서 잇 달링 잇과 추구하는 방향이 맞거니와, 다양한 형태와 색상이 있

1·2
화려하고 감각적인 플레이팅이 돋보입니
다. ⓒEat Darling Eat

어 잇 달링 잇의 색감이 다채로운 디저트와 조합하기에 적합합니다. 이러한 러브라믹스 제품을 그대로 가져다 쓰는 것이 아니라 잇 달링 잇의 로고를 새겨 넣고 메뉴판 등에 아예 '식기는 러브라믹스 제품입니다Cutlery by Loveramics'라고 명시할 정도로 본격적인 컬래버레이션을 합니다. 러브라믹스를 아는 사람들이라면 식기로도 '전통의 재해석'이라는 취지를 살리는 잇 달링 잇의 센스에 감탄할 만합니다.

　　이제 그럴듯하게 담아내는 일이 남았습니다. 잇 달링 잇은 홍콩식 전통 디저트에서는 찾기 어렵던 플레이트 위 여백을 적극적으로 활용하고, 음식의 위치도 가운데만 고수하는 것이 아니라 한쪽에 치우치게 두는 등 음식의 형태에 어울리게 다양한 변주를 줍니다. 또한, 음식에 장식적 요소를 항상 더합니다. 예를 들어 메뉴에 파파야를 썼으면 파파야 소스로 밑그림을 그리고, 채를 썬 파파야와 말린 칩 등 서로 다른 식감을 혼합하며, 노란색 파파야의 보색인 보라색 꽃송이를 더하는 식입니다. 때로는 식기에서 구역을 나눠서 아예 2가지 음식이 나온 것처럼 연출하기도 합니다. 이처럼 음식 자체뿐 아니라 음식을 둘러싼 요소까지 변화를 줘야 추억의 맛을 낯설게 소환할 수 있는 것입니다.

새로운 시도에 어울리는 공간을 만든다

실험적이고 상상력 넘치는 메뉴에 미쉐린 스타 레스토랑 급 플레이팅인데, 이걸 평범한 공간에서 제공한다면 김빠질 일입니다. 그래서 잇 달링 잇은 '포스트모더니즘Postmodernism'을 컨셉으로 공간을 꾸몄습니다.

포스트모더니즘은 형식, 주제, 재료가 정형화되어가던 모더니즘에 대한 반발로 시작된 예술 사조입니다. 무엇이든 예술이 될 수 있다는 포스트모더니즘 덕에 획일화된 예술이 다양해졌습니다. 꿈 등 무의식에서의 초현실적이고 비합리적인 이미지를 자유롭게 표현한 초현실주의Surrealism, 소변기에 '샘'이라는 이름을 붙여 출품하는 등 캔버스와 물감으로만 이루어지던 회화, 돌과 나무로만 이루어지던 조각에서 벗어나고자 했던 다다이즘Dadaism, 캠벨 수프 깡통, 마릴린 먼로처럼 친근한 대중문화를 예술 작품에 등장시킨 팝 아트Pop art 등 가지각색의 방향성으로 발전해나간 것입니다. 잇 달링 잇이 초현실주의, 다다이즘, 팝아트를 아우르는 포스트모더니즘을 공간에 접목했다는 것은, 그 안에서 새로운 시도를 할 때 어색하지 않은 공간으로 만들겠다는 의미입니다.

일단 매장 전체에 채도 높은 형광을 씁니다. 츄파춥스 같

1·2·3
[영상] 포스트모더니즘 컨셉의 잇 달링 잇
매장 인테리어입니다. ⓒEat Darling Eat

4

4
6개의 시계만으로 마치 다른 차원의 세계
로 건너가는 듯한 느낌을 줍니다.

親 eat
愛 darling
吃 eat

1·2·3·4
매장 곳곳에서 초현실적인 일러스트와 비일
상적인 인테리어를 찾아볼 수 있습니다.
ⓒEat Darling Eat

이 통통 튀는 디저트를 연상케 함과 동시에 팝 아트 같은 인상을 줍니다. 도넛, 젤로 등을 본뜬 의자나 마시멜로 같은 등받이는 귀여운 분위기를 연출합니다.

잇 달링 잇의 매장은 2개 층으로 나누어져 있습니다. 그냥 1개 층으로 써도 무리 없을 층고이지만 주어진 공간 내에서 다양한 변주를 주기 위해 일부러 분리했습니다. 낮은 층은 입구, 주방, 계산대가 함께 있어 그래도 일반적인 편입니다. 반면, 높은 층에서는 포스트모더니즘이 제대로 펼쳐집니다. 이 높은 층에 가기 위해서는 짧은 계단을 거쳐야 하는데, 공간의 변화를 인지할 수 있도록 여러 가지 장치를 마련했습니다.

우선 계단을 따라 6개의 시계가 있습니다. 보통은 여러 도시의 시간을 표시하고는 하는데, 잇 달링 잇은 그린란드Greenland라는 나라, 페어뱅크스Fairbanks라는 지역, 우드 버펄로Wood Buffalo라는 국립 공원, 커크주펠Kirkjufell이라는 산, 블래치포드 레이크 롯지Blachford Lake Lodge라는 산장, 아이스 호텔Ice Hotel이라는 호텔 등 시간 표시 기준이 대중없이 섞여 있습니다. 공통점이 있다면 오로라가 나타나는 고위도 지역에 가깝다는 것입니다. 계단을 따라 올라가는 동안 시공간이 6번 바뀌며 오로라를 보듯 보다 초현실적인 높은 층으로 진입하게 됩니다.

높은 층에는 오목하거나 볼록하거나 구겨진 거울을 곳곳

에 두어 매장 안의 모습을 왜곡되게 투영한다든지, 형광의 반투명 아크릴판으로 낮은 층과 구분한다든지, 천장에 은은하게 바닥의 모습을 반사한다든지 해서 일반적으로 보던 모습에서 살짝의 트위스트를 주었습니다. 초현실적인 일러스트도 곳곳에 있습니다. 벽에서 벽이 튀어나오는 듯한 일러스트라든지, 블랙홀이 열린 듯 행성들이 솟아오르는 일러스트 등 모두 상상 속의 풍경입니다. 로고 역시도 착시를 활용해 초현실적으로 만들었습니다. 잇 달링 잇의 E를 따와 포크 모양으로 만든 로고는 잘 보면 성립하지 않는 입체입니다. 평면과 입체가 섞여 있어 뫼비우스의 띠처럼 무한히 반복됩니다. 이 모든 요소들이 잇 달링 잇을 비현실적인 공간으로 만듭니다.

포스트모더니즘은 오랫동안 확립된 규칙을 깨고 형태, 재료, 내용의 경계를 확장하고 한계를 없앴습니다. 잇 달링 잇도 홍콩 전통 디저트의 형태, 재료, 내용을 확장한다는 면에서는 맥락을 같이 합니다. 그렇기에 자칫 겉돌 수도 있는 포스트모더니즘 인테리어가 잇 달링 잇에서는 잘 어우러집니다.

여전한 것도 필요하다

잇 달링 잇에서는 식사 메뉴도 판매합니다. 디저트만 먹기에는 아쉽거나 새로움 일색인 매장이 부담스러울 사람들을 위해 준비했습니다. 식사만 주문할 수도 있고, 애피타이저와 디저트를 포함한 코스 메뉴로 먹을 수도 있습니다. 이 식사 메뉴도 홍콩 로컬 향이 나는 메뉴입니다. 중국식 만두인 완탕을 말려 칩으로 곁들인 탕수육 나초, 홍콩인들이 즐겨 찾는 치킨 목 부위를 넣어 만든 덮밥 등이 있습니다. 디저트 메뉴로만 운영했으면 제한적이었을 수요를 늘리고 잇 달링 잇의 디저트를 접할 기회를 넓힌 것입니다. 추억의 맛을 낯설게 소환하기 위해서는, 낯설지 않아야 할 부분을 남겨놔야 합니다.

'식사 후 디저트'라는 디저트의 본래 역할을 구현하는 것 외에 잇 달링 잇이 지키는 부분이 또 있습니다. 비주얼은 마음껏 변형하되 원래의 맛을 최대한 유지하는 것입니다. 비주얼이야 모티브만 따 와도 자동으로 연상되지만, 맛은 정확하게 구현해야 추억을 재생할 수 있기 때문입니다. 잇 달링 잇은 그 선을 철저히 지킵니다.

그래서인지 잇 달링 잇에는 다양한 연령층의 고객들이 옵니다. 어린아이들이 함께하는 가족 단위 고객부터, 젊은 커플들, 나이 지긋한 동창생 모임까지 한 데 섞여 있습니다. 옛것을 가지고 새로움을 성공적으로 제안했을 때 누릴 수 있는 최고의 반응이 아닐까요?

스미스 앤 슈

찻집에서 별자리를 찾아보는 이유

소통할 줄 아는 전통 문화는 시간을 이긴다

대만의 우롱차 중에는 '동방미인차東方美人茶'라고 불리는 차가 있습니다. 홍차 소비 강국인 영국의 빅토리아Victoria 여왕이 대만의 우롱차를 맛보고는 동방의 미인이 연상된다고 한 데서 유래한 이름입니다. 영국 왕실에서는 이 동방미인차를 매해 구입하고 있으며, 최고급 동방미인차의 경우 글로벌 경매 시장에서 600g이 수천만 원에 거래되었을 정도입니다. 동방미인차가 영국 여왕의 눈에 띄어 유명해진 건 우연의 결과지만, 대만에서 차 문화가 발달하지 않았다면 없었을 결과이기도 합니다.

차에 대한 수요가 높은 만큼 차 판매점도 많습니다. 대만의 수많은 차 판매점 중에서도 '린 마오 센林茂森'은 가장 오래된 역사를 자랑합니다. 1883년에 시작해 5대째 운영하고 있는 린 마오 센은 변화하는 사람들의 입맛에 발 빠르게 대응하기보다 우직하게 전통을 고수합니다. 2013년에 오픈한 컨셉

1
위엄 있는 분위기의 린 마오 센 매장 내부
입니다.

스토어도 이러한 철학을 고스란히 반영해 린 마오 센의 전통을 현대적으로 감각 있게 풀어내면서도 위엄을 뿜어냅니다.

린 마오 센의 매장 안에 들어서면 수십 개의 커다란 배럴들이 손님을 맞이합니다. 각 배럴에는 대만을 포함한 다양한 국가에서 재배한 찻잎이 담겨 있습니다. 차의 가격은 매입가, 유통구조, 구매량 등에 따라 정해지지 않고 오로지 차의 품질에 따라 결정됩니다. 도소매 가격의 차이가 없을 뿐만 아니라, 모객을 위해 여행사 등의 에이전시에 수수료를 지급하는 일도 없습니다. 가격에 불필요한 거품이 끼는 것을 방지하고, 가격을 책정할 때 품질만을 고려 요소로 삼고자 했던 선대의 철학을 이어받은 것입니다. 게다가 찻잎은 판매하지만, 차를 마시는 공간은 없습니다. 현대의 차 문화에 맞춰 테이크아웃 서비스라도 운영할 법한데, 찻잎이 아닌 우려낸 차를 판매하는 것은 다른 비즈니스라고 인식하고 전통 티 하우스의 면모를 고집합니다. 오랜 시간 동안의 전통과 평판이 없는 찻집이라면 갖기 힘든 자신감입니다.

린 마오 센과 같은 전통의 강호들을 비롯해 변화하는 차 문화에 맞춘 신생 찻집까지 더하면 대만의 차 시장은 그야말로 레드오션입니다. 치열한 경쟁 속에서 업력이 짧은 티 하우스들은 전통도, 고객 기반도 없기에 터줏대감들과는 차별화된

1
스미스 앤 슈 난징점 매장입니다. 매장 외
관을 입체적으로 만들어 눈에 띕니다.

방법을 택해야 합니다. 그래서 신생 브랜드를 중심으로 새로운 시도가 다양하게 펼쳐지고 있는데, 그중에서도 주목해 볼 매장이 '스미스 앤 슈Smith & Hsu'입니다. '대만산' 차에 대한 자부심을 가지고 있는 대만 차 시장에서 상호에 '스미스'라는 영어 이름을 버젓이 내건 것부터 눈에 띕니다. 이국적 정체성이 물씬 묻어나는 스미스 앤 슈는 어떤 점이 남다르길래 경쟁의 틈바구니에서 존재감을 드러내는 걸까요?

단순하게 구분하면 문턱이 낮아진다

차도 아는 만큼 보이는 분야입니다. 종류도 많고, 같은 종류라도 찻잎과 첨가물에 따라 맛과 향이 달라져 초보자들이 차의 종류와 차이를 이해하기는 어렵습니다. 스미스 앤 슈는 차의 종류와 차를 즐기는 순서를 단순하게 구분하여 차를 처음 접하는 사람들도 고객이 될 수 있도록 친절한 안내자 역할을 자처합니다. 스미스 앤 슈 고객이면 누구나 차를 구분하는 종류와 스미스 앤 슈에서 판매하는 40여 가지 차의 차이를 이해하고 비교하며 취향대로 고를 수 있습니다. 초보자들에게 문턱을 낮추니 고객 기반이 넓어지는 것은 자연스러운 수순입니다. 스미스 앤 슈는 어떻게 차에 대한 이해를 효과

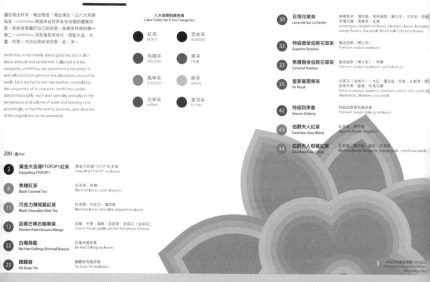

原味壺茶
ORIGINAL TEA
SERVED IN TEAPOT

讓您喝出好茶，喝出態度，喝出滿足！以八大茶類為首，smith&hsu 嚴選來自世界各地英國的優質茶款。款款有著屬於自己的茶號，象徵著性格的唯一無二。smith&hsu 洞悉每款茶特性，搭配水溫、水量、時間，沖泡出原味茶的香、純、淨。

smith&hsu is not merely about good tea, but is also about attitude and satisfaction. Collected in 8 tea categories, smith&hsu tea assortment is harvested in and selected from premium tea plantations around the world. Each tea has its own number, symbolizing the uniqueness of its character. smith&hsu understands thoroughly each tea's speciality and adjusts the temperature and volume of water and brewing time accordingly, so that the aroma, pureness, and clearness of the original tea can be presented.

八大茶類對應色規 / Color Codes for 8 Tea Categories

- 紅茶 BLACK
- 烏龍茶 OOLONG
- 風味茶 SCENTED
- 花草茶 HERBAL
- 混合茶 BLENDED
- 果茶 FRUIT
- 綠茶 GREEN
- 普洱茶 PU ERH

200 / 壺 Pot

2 黃金大吉嶺FTGFOP1紅茶 Darjeeling FTGFOP1
黃金大吉嶺FTGFOP1紅茶葉 Darjeeling FTGFOP1 tea leaves

8 焦糖紅茶 Black Caramel Tea
紅茶葉・焦糖 Black tea leaves, caramel pieces

11 巧克力薄荷葉紅茶 Black Chocolate Mint Tea
紅茶葉・巧克力・薄荷葉 Black tea leaves, chocolate, peppermint leaves

12 百香芒果石榴果茶 Passion Fruit+Guava+Mango
石榴・芒果・蘋果・百香果・芙蓉花 (洛神花) Guava, mango, apple, passion fruit pieces, hibiscus

22 白毫烏龍 (Oriental Beauty) Bai Hao Oolong
白毫烏龍茶葉 Bai Hao Oolong tea leaves

23 鐵觀音 Tie Guan Yin
鐵觀音烏龍茶葉 Tie Guan Yin tea leaves

30 日落花草茶 Lavande Sur Le Declin
檸檬香茅・薄荷葉・黑莓葉・薰衣草・洋甘菊・香橙花瓣・玫瑰花瓣・石楠
Lemongrass, peppermint leaves, blackberry leaves, lavender, orange flowers, rose petals, lemon balm, photinia flowers

32 特級魯依伯斯花草茶 Superior Rooibos
魯依伯斯 (博士茶) Premium rooibos tea leaves

33 焦糖魯依伯斯花草茶 Caramel Rooibos
魯依伯斯 (博士茶)・焦糖 Premium rooibos tea leaves, caramel pieces

35 皇家基爾果茶 Kir Royal
芙蓉花 (洛神花)・木瓜・覆盆莓・草莓・紅醋栗・黑接骨木果・藍莓・玫瑰花瓣
Hibiscus, papaya, raspberry, strawberry pieces, red currant, elderberries, blueberry, rose petals

42 特級四季春 Season Oolong
特級四季春烏龍茶葉 Premium Season Oolong tea leaves

43 伯爵夫人紅茶 Countess Grey Blend
紅茶葉・佛手柑 Black tea leaves, bergamot

44 伯爵夫人柑橘紅茶 Countess Grey Citrus
紅茶葉・佛手柑・橙皮・矢車菊 Black tea leaves, bergamot, orange peels, cornflower petals

1

1
스미스 앤 슈는 판매하는 차를 8가지 카테고리로 분류하고, 각 카테고리마다 다른 색깔을 부여합니다. 또한 모든 차에는 고유한 숫자를 부여해 차 메뉴의 구분을 보다 직관적으로 디자인했습니다.
ⓒSmith & Hsu

2
찻잎 샘플이 담긴 유리병 뚜껑에는 각 찻잎에 부여된 숫자가 적혀 있습니다. 뚜껑 위의 숫자는 메뉴판의 숫자와 연동되어 있어 고객은 차를 쉽게 시향해 볼 수 있습니다.

3
찻잎 샘플과 함께 차를 즐기는 5단계 과정도 알려 줍니다.

Tea Note Plate 試聞盤
重啟您的感官體驗

smith&hsu icon mark

巧妙將專業評茶師的
評茶五步驟
轉換成您眼前的試聞盤
每款茶擁有
僅屬於 smith&hsu 的編號
象徵著從此獨一無二

How to 如何選出您的今日茶飲

1. 新手：建議從 我的星座我的茶 開始挑選
2. 老友：對應 Menu，選出有興趣的茶款編號
3. 從試聞盤找出編號，感受它的外觀與香氣
4. 選出您想喝的茶，告訴夥伴號碼即可！

觀茶乾	Tell Dried Tea Leaves
お茶葉の形を観る	
看水色	See Brew Color
お茶の色を観る	
聞香氣	Smell Aroma
お茶の香りを聞く	
嚐滋味	Taste Flavour
お茶の味を味わう	
評茶底	Evaluate Tea Leaves
開かせたの茶葉を読む	

적으로 도왔을까요?

먼저 스미스 앤 슈는 메뉴판을 활용합니다. 스미스 앤 슈의 메뉴판에서는 차 종류를 홍차[Black], 우롱차[Oolong], 가향차[Scented], 허브차[Herbal], 혼합차[Blended], 과일차[Fruit], 녹차[Green], 보이차[Pu'er] 등 8가지로 구분합니다. 8가지 차 종류에 '색상 코드[Color Codes]'라고 불리는 8가지 색깔을 부여하고, 메뉴판의 차 이름 앞에 그 차가 속하는 카테고리의 색상을 칠해 둡니다. 예를 들어 허브차에 속하는 캐러멜 루이보스 티 앞에는 허브차를 의미하는 보라색 동그라미를 표시하는 식입니다. 메뉴판의 색상 코드만 봐도 그 차가 어떤 계열인지 알 수 있습니다. 여기에다가 각 메뉴에는 숫자를 부여하여 차를 구분합니다. 숫자에 특별한 의미가 있는 것은 아니지만, 차 메뉴를 넘버링하니 생소한 차 이름을 숫자로 대체할 수 있습니다.

각 차에 부여된 숫자가 차를 쉽게 구분하는 역할만 하는 것은 아닙니다. 진짜 목적은 메뉴판의 이름과 실물 찻잎을 매칭하는 데에 있습니다. 스미스 앤 슈에서는 메뉴판과 함께 30~40가지 찻잎 샘플이 담긴 작은 유리병들을 한 판에 가져다줍니다. 고객은 서빙된 유리병의 뚜껑을 열어 찻잎을 시향할 수 있는데, 각 유리병 뚜껑에는 메뉴판에 적힌 차의 숫자가 표기되어 있어 매칭할 수 있습니다. 메뉴판에서 42번에 해당하는 계절 우롱차^{Season Oolong}를 시향해 보고 싶은 경우, 유리병 중에 42번이라고 쓰여 있는 뚜껑을 열어 시향해 보면 되는 것입니다. 차를 잘 모르는 사람들도 숫자를 보고 각 차를 비교하며 더 마음에 드는 차를 고를 수 있습니다. 게다가 차 샘플을 서빙하는 나무판을 통해서는 '말린 찻잎을 보고', '우린 찻물의 색깔을 보고', '차의 향을 맡고', '차 맛을 음미하고', '차를 평가'하는 5단계에 따라 차를 즐기라고 알려 줍니다. 차를 맛보는 방법까지 단계별로 알려주니 차를 접하는 초보자의 부담이 한결 줄어듭니다.

공통분모로 연결하면 시장이 넓어진다

차는 대만, 중국 등의 동양 문화권에서만 소비되어 온 것이 아닙니다. 영국을 비롯한 유럽에서도 오랜 시간 사랑받아온 기호식품이자 문화의 한 축입니다. 스미스 앤 슈는 이 점에 착안하여 차를 대만의 전통문화가 아니라 동서양을 잇는 매개체로 재해석합니다. 여기에 상호가 스미스로 시작하는 이유가 있습니다. 스미스는 영국에서 가장 흔한 성씨 중의 하나이고, 슈는 대만의 대표적인 성씨입니다. '앤&'을 사이에 두고 나란히 위치한 두 성씨는 동양과 서양을 잇고, 전통과 현대를 잇고, 유산과 혁신을 잇는다는 의미를 담고 있습니다. 차를 공통 분모로 동양의 차 문화와 서양의 차 문화를 융합해 서양 문화에 익숙한 젊은 세대, 서양 문화가 궁금한 기존 세대, 동양 문화를 경험하고 싶은 외국인 관광객 등 문화권과 세대를 막론하고 더 다양한 고객층에게 다가가겠다는 의지의 표현이기도 합니다.

스미스 앤 슈에서는 5가지 대만산 차와 영국, 독일 등 여러 원산지에서 수입한 차를 취급합니다. 31가지 차 중 5가지 차만이 대만산으로, 비중이 20%도 채 되지 않습니다. 대만산 차를 고집하기보다는 수입산 차도 함께 소개해 고객들에게 선택권을 열어 줍니다. 원산지를 강조하거나 대만산 차의 우수성을 강조하는 일도 없습니다. 원산지에 대한 편견 없이 다양한 차의 매력을 소개하고자 하는 의도입니다. 게다가 우유, 설탕, 꿀, 레몬, 얼음 등을 첨가한 변형 메뉴로 차의 경계를 확장합니다. 전통적인 티 하우스에서 정통의 방식을 고수하는 것과는 다른 행보입니다. 차에 대한 편견 없는 접근과 현대적인 재해석 덕분에 고객 기반이 넓어집니다.

차 메뉴뿐만 아니라 음식 메뉴에서도 동서양을 연결하려는 노력을 엿볼 수 있습니다. 스미스 앤 슈의 메뉴 중에는 핑거 푸드와 티를 함께 즐기는 애프터눈티 세트가 있습니다. 애프터눈티 문화는 출출한 오후에 홍차와 간단한 음식을 곁들여 먹는 영국의 차 문화입니다. 애프터눈티 세트를 주문하면 마음에 드는 차 한 가지와 2단 트레이에 놓인 샌드위치, 스콘, 케이크 등 서양식 핑거 푸드를 함께 먹을 수 있습니다. 애프터눈티 세트라고 해서 함께 마시는 차가 꼭 홍차일 필요는 없습니다. 기호에 따라 대만산 우롱차를 마셔도 괜찮습니다. 세트가 부담스럽다면 샌드위치, 샐러드, 쿠키, 케이크, 스콘 등 서양식 단품 음식 메뉴도 준비되어 있습니다. 차를 공통분모로 함께 먹는 음식을 서양식으로 갖추니, 차를 경험하는 방식이 다채로워집니다.

맥락을 제안하면 지갑이 열린다

스미스 앤 슈에서는 차 외에도 말린 찻잎, 찻잔 등의 굿즈를 판매합니다. 하지만 찻집이 넘쳐나는 타이베이에서 찻잔과 찻잎을 진열해두는 것만으로 고객들의 지갑을 열 수 있을까요? 제품도, 유통 채널도 과잉인 시대에는 소비자들의 구매욕을 자극하는 맥락을 제안할 수 있어야 합니다. 스미스 앤 슈는 굿즈를 구매하는 맥락을 제안하여 고객들의 추가 구매를 유도합니다.

2

1·2
차와 굿즈를 판매하는 매대에서는 각 별자
리와 차의 궁합에 대한 위트 있는 설명을 함
께 제공합니다.

스미스 앤 슈는 굿즈를 구매하는 맥락으로 별자리를 활용합니다. 동서양 문화권을 막론하고 사람들은 별자리별 성격이나 성향이 있다고 믿는데, 스미스 앤 슈는 이를 활용하여 각 별자리의 성향에 따라 어울리는 차를 매칭해 보여줍니다. '장미와 같은 열정과 녹차와 같은 발랄한 개성을 가진 양자리에게는 불가리산 장미 녹차가 어울립니다.', '가끔씩 지나치게 이성적인 물고기자리는 연애 세포를 깨우는 과일차와 사랑에 빠져 보세요.' 등의 위트있는 묘사가 구매욕을 자극합니다. 그 옆에는 해당 별자리의 일러스트를 입힌 머그컵도 함께 판매합니다.

모든 사람은 태어난 날짜에 따라 별자리를 갖고 있기 때문에 자신의 별자리에 맞는 차 또는 관련 제품에 눈길이 가기 마련입니다. 자신의 별자리에 맞는 차를 재미로 구매할 수도 있고, 생일인 지인들에게 선물하기에도 제격입니다. 게다가 당일 카페 이용객에게는 15%의 할인 혜택을 제공해 강력한 추가 구매 요인을 하나 더 덧붙이는 영민함도 잃지 않습니다.

매장에 들어오는 고객은 누구든 환영한다

"예술은 사람들을 하나로 결합시키는 수단의 하나이다."

3

1
스미스 앤 슈 난징점 매장에는 안락한 좌식
테이블과 폭신한 좌석이 마련되어 있습니
다. 매장의 편안하고 자연스러운 분위기와
어울립니다.

2
구름을 형상화한 천장의 조명은 부드러우
면서도 독특한 분위기를 연출합니다.

3
자연과 인류 문명 간의 조화를 표현한 오브
제입니다.

《예술이란 무엇인가》의 저자 레프 톨스토이Лев Толстой는 훌륭한 예술의 특성 중 하나로 만인에게 받아들여지는 감정을 전하는 보편성을 이야기합니다. 그의 말처럼 예술은 감정을 소통하기 위한 매개이며, 예술이 보편적 감정을 건드릴수록 소통에 따른 감염력이 강해집니다.

그런 의미에서 스미스 앤 슈 매장은 감염력을 가진 하나의 예술입니다. 스미스 앤 슈 난징점에선 자연을 주제로 한 예술 작품을 곳곳에서 찾아볼 수 있습니다. 구름을 형상화한 천장의 조명은 대만 디자이너의 작품입니다. 하얗고 커다란 조명의 듬성듬성한 직물 사이로 새어 나오는 은은한 빛 덕분에 마치 집 밖의 뜰에 앉아 차를 마시는 기분이 들며 보편적 감정을 자극받습니다.

또한 대만의 숲에서 가져온 나무로 제작한 오브제들도 눈에 띄는데, 공중에 매달린 나무통 위에 차를 상징하는 이끼와 꽃들이 피어있습니다. 찻잎의 상징적 요소를 평면, 직선 등의 인공적인 패턴으로 배치하여 차로 대표되는 자연과 인류 문명 간의 조화를 표현한 것입니다. 거창해 보일 수 있지만, 예술적 의도를 가진 오브제들이 은연중에 본연적 감정을 일깨웁니다. 이처럼 매장 내에 구현한 예술이 가진 보편성은 동서양을 잇고자 하는 스미스 앤 슈의 컨셉을 강화해줍니다. 예술적 요소들이 언어적, 문화적 차이를 뛰어넘는 바탕을 만들어주기 때문입니다.

　　이름에 함축하고, 차와 굿즈에 적용하며, 매장에 담아낸 고민과 시도 덕분에 스미스 앤 슈에서는 여느 찻집에서는 경험하기 어려운 맛이 우러납니다.

비하인드 바

감옥에 자유를 허하면 생기는 일

과거의 유산은 지키면 유물, 살리면 보물

홍콩 구도심을 걷다 보면 전당포가 블록마다 하나씩 있습니다. '압舺'이라고 쓰여 있는 간판이 모두 전당포입니다. 세계적인 금융 허브 도시에서, 그것도 21세기에 웬 전당포일까 싶지만, 이유가 있습니다.

홍콩에서는 은행 이용이 쉽지 않습니다. 우선 매월 일정한 소득이 있다는 것을 증명해야 계좌를 개설할 수 있습니다. 개설하고 나서도 일정액 이상 예금 잔고를 유지해야 하고, 유지하지 못하면 매달 은행에 수수료를 내야 합니다. 계좌 개설조차 까다로우니 대출은 말할 것도 없습니다. 그래서 많은 홍콩 서민들은 급전이 필요할 때 은행보다 전당포를 찾습니다. 전당포라고 해서 후미진 곳에 있거나 영세하지 않습니다. 번화가에 자리하고, 프랜차이즈도 있으며, 유명 전당포 중 하나는 주택 자금 대출 사업도 할 만큼 입지가 단단합니다.

번화가 중의 번화가 완차이灣仔 지역도 전당포가 득세하

1
간판에 '押'이라고 쓰인 전당포를 홍콩 곳
곳에서 어렵지 않게 발견할 수 있습니다.

2
130여 년 전에 만들어진 우청 전당포는 바
와 레스토랑으로 바뀌어 여전히 성업 중입
니다. ⓒAsianfiercetiger

는 곳입니다. 그중에서도 130여 년 된 우청 전당포和昌大押가 있던 건물의 존재감이 상당합니다. 이 건물은 야외 발코니, 석조 기둥, 높은 천장 등 고풍스럽고 웅장하기까지 한 19세기 영국 식민 시대의 건축 양식으로 눈길을 사로잡습니다. 도로의 곡선을 따라 부드럽게 휘어져 있어 4층에 달하는 규모 있는 건물임에도 유려한 인상을 줍니다. 아쉽게도 이 역사적인 랜드마크에서 더 이상 전당포 영업은 하지 않습니다. 전당포가 홍콩에서 여전히 성업 중이라고 해도 그 위상이 예전만 못하기 때문입니다. 지금은 '더 폰The Pawn'이라는 레스토랑과 바가 들어와 있습니다. 용도는 바뀌었지만, 외양은 물론 내부 구조와 장식도 그대로입니다.

한때 홍콩도 효율이나 경제 논리에 따라 역사적 건축물들을 허물어버리고 그 자리에 초고층 빌딩을 세웠습니다. 하지만 중국에 주권이 반환된 이후에는 옛 건물을 부수고 새로 짓기보다, 어떻게 보존하고 활용할 것인가에 초점을 맞추고 있습니다. 홍콩인들의 정체성을 설명해줄 만한 추억이 담긴 것들을 소중하게 바라보기 시작했기 때문입니다. 여기에 더해 홍콩 정부가 2008년에 '역사적 건물 재활성화' 프로젝트를 시작하면서 이러한 생각의 전환이 도시 곳곳에 가시적으로 드러나고 있습니다.

'타이쿤大館'도 그렇게 다시 태어난 공간 중 하나입니다. 1841년에 홍콩을 식민지로 삼은 영국은 그 해부터 도심 한복판에 경찰서, 법원, 감옥을 차례로 지었습니다. 삼엄한 용도와 달리 건물의 외관은 화강암과 벽돌에 기초한 빅토리아 건축 양식으로 기품이 있습니다. 역사성을 인정받아 이 구역의 16개 건물 모두 사적으로 공식 지정되었으나, 재개발하면서 박물관 등의 형태로 박제하지 않고 현대적인 상업 시설들을 과감하게 도입했습니다.

그중에서도 칵테일 바 '비하인드 바Behind Bars'가 돋보입니다. '수감 중'이라는 의미의 이름에서 알 수 있듯 감옥을 컨셉으로 한 바입니다. 하지만 컨셉만 게으르게 차용한 것이 아니라 감옥의 구조와 맥락을 창조적으로 재해석하기 위해 고민한 흔적들이 엿보입니다. 옛 감옥의 모습을 단순히 인테리어 요소로 활용하는 것을 넘어 옛 감옥이라는 공간이기에 가능한 것들을 구현했습니다.

독방을 프라이빗룸으로

빅토리아 형무소는 홍콩 최초로 세워진 감옥이자 가장 오래 운영한 감옥입니다. 재밌게도 홍콩 최초의 서구식 건물이 바로 이 감옥이었다고 합니다. 영국 식민 시대와 2차 세계대전을 모두 겪은 역사의 산증인입니다. 그중 비하인드 바가 있는 E홀은 1인용 독방이 모여있던 3층짜리 건물입니다. 좁고 긴 복도를 가운데 두고 양옆으로 1평 남짓한 10여 개의 독방이 줄지어 있습니다. 복도에는 3층까지 뻗어있는 노출형 계단이 있어 이 계단을 오르내리면서 순찰했을 교도관의 삼엄한 모습이 그려집니다. 비하인드 바는 이러한 공간 구조와 맥락을 살리기 위해 노력합니다.

낮 시간에는 각 독방에 쇠창살을 쳐두다가 저녁이 되면 쇠창살을 열어젖힙니다. 자유의 시간이 온 것입니다. 이 해방감은 독방 안에 들어가도 유지됩니다. 양옆을 터 둬서 옆방과 연결되는 듯한 느낌을 주기 때문에 1평 남짓한 공간이 답답하지 않습니다. 어느 방에 있든 가장 끝 편에 있는 독방을 내다볼 수 있습니다.

그러면서도 프라이버시는 지켜집니다. 옆 벽을 완전히 터 둔 것이 아니라 외곽 프레임을 남겨두어 자연스럽게 방이 분리되기 때문입니다. 구조가 이러하니 따로 안내하지 않아도 손님들이 자연스럽게 방 단위로 이동합니다. 굳이 다른 독방들을 거쳐 지나지 않고 쇠창살을 젖힌 각각의 입구를 통해 출입하는 것입니다. 여기에 각 방마다 앉는 방향이 모

1·2
최대한 원형을 보존하며 복원한 빅토리아
형무소 E홀에 비하인드 바가 있습니다.

3·4
빅토리아 형무소 E홀의 복원 전 삼엄한 모
습입니다. ⓒDavid Hodson
ⓒHong Kong Memory

PICK UP POINT

5
독방의 옆 벽을 트되 외곽 프레임을 남겨두어 공간의 답답함을 없애면서 프라이버시도 보호해 줍니다.

6
주문한 음료를 가져가는 공간을 독방 하나에 따로 마련하고, 이를 고객이 앉는 라인의 반대편에 두어 공간을 구분했습니다.

두 동일합니다. 복도를 바라보고 앉는 것이 기본이고 일행이 더 많을 때는 복도를 등지고 앉습니다. 시선의 방향이 같기에 다른 방으로부터 불필요하게 시선을 받는 일이 줄어듭니다. 감옥이었을 때는 독방이 사무치게 저주스러웠겠지만, 비하인드 바에서의 독방은 오붓함의 원천입니다. 구조가 행동을 유도하는 것입니다.

주문 방식도 감옥의 독방 구조를 잘 살렸습니다. 만약 서버가 자리에서 주문을 받거나 술을 자리로 가져다준다면 독방으로 들어와야 합니다. 공간이 협소하거니와 독방의 프라이빗함을 잠시나마 해치게 됩니다. 그래서 비하인드 바는 손님이 계산대에 와서 주문하고 직접 가져가는 시스템으로 운영합니다. 그리고 계산대와 주문한 음료를 받아 가는 공간을 좌석이 있는 라인이 아닌 반대편 라인에 두었습니다. 아무래도 계산대와 주문한 음료를 받아 가는 공간에는 사람들이 몰릴 수밖에 없는데, 손님들이 이용하는 독방 라인과 주문 라인을 분리하면 동선이 꼬이는 문제를 해결할 수 있기 때문입니다.

무기력한 곳을 생기발랄한 곳으로

그렇다고 다들 독방에 숨어들어 조용히 즐기는 분위기는 아닙니다. 흥겹고 힙한 라운지 클럽에 가깝습니다. 감옥이었다고 해서 무섭고 음습한 분위기를 그대로 재현한다든지 과거에 머물러 있을 필요는 없습니다. 그래서 비하인드 바는 이곳을 '사람들을 위한 공간Places for people'으로 만들고자 했습니다. 원래도 감옥이 수감자라는 사람을 수용하는 공간이기에, 그 맥락을 이어 수감자가 아닌 사람들이 모일 수 있는 공간으로 만들고자 하는 것입니다. 핏기없고 무력하던 공간에 새롭게 생기를 불어넣기 위해 비하인드 바는 여러 장치를 마련합니다.

먼저 복도를 따라 긴 테이블을 두었습니다. 단체 손님에게 좋고 여러 일행이 섞여 합석하기에도 적합합니다. 복도가 좁아서 긴 테이블이 가로막고 있으면 자칫 답답해 보일 수도 있는데, 투명한 아크릴 소재로 만든 테이블이라 시야에 걸리는 것이 없습니다. 조명을 밝히면 아크릴 소재가 은은하게 빛을 퍼뜨리며 간접 조명의 역할까지 합니다. 홀 안을 가득 메운 클럽 음악에 대화 소리가 절로 높아집니다. 한 데 어울리기 좋은 환경이 기본으로 세팅된 셈입니다.

소재나 색상 등 충돌되는 요소를 과감하게 섞는 것도 공간에 생기를 더합니다. 비하인드 바는 감옥을 리뉴얼하며 콘크리트와 흰색 페인트로 정돈했습니다. 바탕을 무채색으로 깔

1
[영상] 네온 프레임이 반복되는 독방에서
도, 원테이블을 둔 복도에서도 사람들이
한 데 어우러집니다. 생기를 더하는 인테
리어와 디자인 덕분입니다.

2·3·4·5
감옥을 위트 있는 일러스트로 표현해 칵테
일 라벨지로 활용합니다.
ⓒClaudia Chanhoi

아두니 여러 이질적인 요소를 얹어도 무리 없이 녹아듭니다. 독방 옆면의 외곽 프레임에는 색색깔의 네온 조명을 밝혔습니다. 외곽 프레임의 크기는 동일하지만, 방과 방 사이의 거리가 만드는 원근감 덕에 가장 끝방에서 반대쪽 끝방을 보면 네온 색깔을 밝힌 프레임이 켜켜이 한눈에 들어와 화려합니다. 끝방의 소실점을 향해 무제한 확장되는 듯한 느낌도 줍니다. 또한 방과 방 사이, 복도 천장에 거울 같은 메탈 소재를 더해 공간이 넓어 보이면서 지루하지 않게 만들었습니다.

비하인드 바의 시그니처인 칵테일 병 라벨 디자인도 생기발랄합니다. 귀엽고 섹슈얼한 일러스트로 유명한 클라우디아 찬호이Claudia Chanhoi와 컬래버레이션해 빅토리아 형무소를 총천연색으로 재해석했습니다. 감옥 쇠창살을 욕실 문으로 바꾸고 샤워하는 뒤태를 그린다든지, 대나무 창살로 바꿔 홍콩다움을 가미하는 등 위트 있는 일러스트를 보여줍니다.

격리의 공간을 모두의 공간으로

물론 인테리어와 디자인이 서로 어울리는 분위기를 유도하는 데 도움을 줍니다. 하지만 아예 함께할 거리를 만들어 주는 것이 즉효입니다. 그래서 비하인드 바는 감옥에만 머물러 있는 것을 넘어 '바'라는 용도도 한껏 확장합니다. 비하인드 바가 아니라 '비욘드 바Beyond Bars'라고 불러야 할 듯합니다.

인스타그램에서 비하인드 바를 검색해보면 각종 이벤트를 하는 모습을 확인할 수 있습니다. 제품 런칭 행사, 자선 바자회, 워크숍, 조찬 모임, 디제이 파티 등 모이는 목적도 다양합니다. 감옥에서 술을 마시는 것만으로도 이색적인데 감옥과 전혀 어울리지 않을 법한 용도들이 더해지니 평범한 이벤트도 잊지 못할 경험이 됩니다. 특히 비하인드 바가 위치한 E홀은 바로 앞에 수감자들의 마당으로 쓰던 광장이 이어져 있습니다. 그래서 이런 이벤트가 있을 때 탁 트인 야외까지 확대해 공간을 활용하기도 합니다. 택지 구획이 좁은 홍콩에서는 귀한 경험입니다.

단순히 외부 행사를 유치하는 데서 더 나아가 비하인드 바는 그들 스스로도 여러 행사를 정기적으로 주최합니다. '사우스 캔톤 소울 트레인South Canton Soul Train'이라는 디제이 파티를 금요일마다 열며, 매월 마지막 주 토요일에는 '클럽 비하인드Club Behind'라는 칵테일 파티를 엽니다. 또한 오후 시간대에는 스페셜티 커피 로스터리인 레드백 커피Redback Coffee와 함께 카페로 운영해 술을 즐기지 않는 사람들까지 끌어들

1
문화 콘텐츠 기획사 보일러 룸과 함께 연 댄
스 파티 현장입니다. ⓒBehind Bars

입니다. 이처럼 다양한 행사를 통해 사람들이 이곳에 올 이유를 만들어 줍니다. 쓸모가 한정적이었던 감옥이라는 공간에 진정한 자유를 선사하는 것입니다.

과거가 살아 숨 쉬려면

비하인드 바가 자리한 타이쿤에는 사적만 있는 게 아닙니다. 평균 나이 120년인 16개 사적 사이에 2018년에 갓 태어난 건물 2채가 있습니다. 'JC 컨템포러리JC Contemporary'라는 갤러리와 'JC 큐브JC Cube'라는 공연장입니다. 주변과 어우러지게 만들겠다고 해서 신축 건물을 일부러 낡은 느낌으로 짓거나, 기존 건물들의 외관을 그대로 복제하는 등의 접근 방식으로 짓지 않았습니다. 만약 그랬다면 신축 건물이 어설퍼 보이고 오히려 옛날 건물들과 위계가 느껴졌을 수도 있습니다.

대신 타이쿤의 건물들을 둘러싼 석조 외벽의 패턴을 차용하되 건축 자재를 과감하게 바꾸었습니다. 석조 외벽의 벽돌을 쌓아 올린 방식, 벽돌 간 간격, 각 벽돌의 비율 등을 따와 알루미늄 블록으로 외피를 만든 것입니다. 알루미늄 블록마다 구멍이 뚫려있는데 구멍의 모양, 구멍의 방향, 블록 간 간격이 불규칙적입니다. 석조 외벽의 불규칙성을 반영한 것

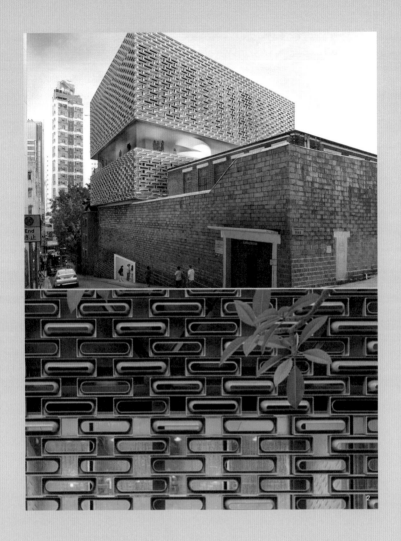

1
타이쿤 밖에서 본 JC 컨템포러리와 빅토리아 형무소입니다. 신축 건물의 알루미늄 외피가 석조 외벽의 패턴을 닮아 한 세트처럼 보입니다. 과거와 현재가 이어지는 듯합니다. ⓒHerzog & de Meuron

2
패턴이 불규칙한 석조 외벽처럼 JC 큐브의 알루미늄 외피도 구멍의 크기, 방향, 간격 등이 모두 다릅니다. ⓒHerzog & de Meuron

입니다. 덕분에 조형적으로 주변과 조화를 이루면서도 분명한 새로움을 더합니다. 여기에 신축 건물과 기존 건물 간 거리를 최소화하고 다리를 놓으니 과거와 현재가 이어지고 신구가 하나가 됩니다. 핵심을 지키며 버전 업데이트를 한 덕에 작년 한 해만 340만 명이 찾은 핫플레이스가 되었습니다. 사적을 고고하게 보존하는 대상으로만 바라봤다면 없었을 결과입니다.

이처럼 옛 공간의 가치를 높이는 방법은 보존이 아니라 활용입니다. 공간이란 본래 '아무것도 없는 빈 곳'을 뜻하며, 누가 어떻게 사용하느냐에 따라 그 가치가 결정됩니다. 아무리 잘 꾸민 공간도 드나드는 사람이 없으면 낡고 못 쓰게 됩니다. 물론 역사를 그대로 보존하는 일도 중요하지만, 과거가 현재를 거쳐 미래로 이어지려면 사람들이 계속 찾고 사람들 사이에서 회자되는 공간이 되어야 합니다. 사람들을 갱생하던 감옥처럼, 공간을 다시 살려낸 비하인드 바에서 공간 재생의 기술을 엿보셨길 바랍니다.

≋ 고객 경험을 바꿔보면 어떨까?

인 시투

04

오리지널 레시피 없이 미쉐린 스타를 단 레스토랑
남의 것을 나의 것으로 만드는 편집의 기술

베낀 작품이 버젓이 박물관에 전시되어 있습니다. 알려지지 않은 작품을 남몰래 베낀 게 아닙니다. 미켈란젤로의 다비드 조각상The statue of David, 라파엘로의 아테네 학당The school of Athens, 로마 시대의 트라야누스 기둥Trajans' column 등 내로라하는 작품들로 가득합니다. 원작을 바탕으로 새롭게 변형한 것도 아닙니다. 원작을 있는 그대로 복제했습니다. 이름 모를 박물관이냐 하면, 그렇지도 않습니다. 런던을 대표하는 박물관 중 하나인 V&A 박물관Victoria and Albert museum의 '캐스트 코트The Cast Courts' 관에서 볼 수 있는 풍경입니다. 보통의 경우 원작을 가져다가 전시하는데, 어떤 연유로 V&A 박물관은 캐스트 코트 관을 복제품으로 가득 채워 놓았을까요?

　　V&A 박물관이 존재하는 이유를 알고 나면 캐스트 코트 관에 펼쳐진 역설적인 상황을 이해할 수 있습니다. V&A 박물관을 열 당시, 영국은 산업 혁명으로 인해 기술적으로는 발

전했지만, 주변 유럽 국가들에 비해 예술적 수준은 뒤처져 있었습니다. 그래서 영국 사람들의 전반적인 미적 감각을 향상시키고 아티스트를 교육시키려는 목적으로 V&A 박물관을 설립했습니다.

예술에 대한 배움의 기회를 제공하기 위해 다양한 소장품들을 전시했으나 아쉬운 부분이 있었습니다. 조각, 회화 등 최고 수준을 자랑하는 작품들은 소장하기가 어려웠습니다. 그렇다고 교육시키기 위해 아티스트들이나 시민들을 유럽 대륙으로 보낼 수도 없는 노릇이었습니다. 그래서 작가들을 보내 최고의 작품들을 복제해서 영국으로 가져와 캐스트 코트에 전시했습니다. 물론 불법 복제는 아니고, 1867년에 유럽의 각국 대표들이 모여 예술 작품들을 복제해 공유하자는 국제 조약을 맺었기에 가능한 일입니다.

카피한 작품들로 채운 공간인데, 100년이 넘는 시간이 흐르자 역설적인 현상이 발생합니다. 원본이 파손되거나 소실될 경우, 캐스트 코트의 복제 작품들이 원본의 역할을 대신해 미술사 연구의 대상이 됩니다. 예를 들어, 트라야누스 기둥의 원본은 광장에 위치해 있어 기둥 일부에 부식이 진행된 반면 캐스트 코트 실내에 자리한 복제 작품은 그대로 보존되어 있어 연구에 더 적합해졌습니다. 교육적 목적을 위해 본

떠온 작품들에 역사적 맥락이 생기면서 오리지널로서의 가치가 생기는 셈입니다.

이 사례에서 볼 수 있듯이 카피가 꼭 나쁜 것만은 아닙니다. 카피하는 목적이 건설적이고, 카피의 대상인 원작자를 존중하며, 카피를 통해 새로운 가치를 만들 수 있다면 카피한 결과물도 오리지널만큼이나 의미를 가질 수 있습니다. 런던의 V&A 박물관과 마찬가지로 샌프란시스코의 '인 시투In Situ'라는 레스토랑도 카피를 독창적으로 할 줄 아는 곳입니다.

미쉐린 가이드의 기준을 파괴하는 레스토랑

《미쉐린 가이드Michelin guide》는 각 도시별로 레스토랑에 별점을 매겨 소개합니다. 미쉐린 가이드의 선택을 받은 레스토랑은 복권에 당첨된 것과 마찬가지입니다. 음식이 달라진 것도, 셰프가 바뀐 것도 아닌데 미쉐린 가이드의 별을 달았다는 이유로 레스토랑의 명성과 인기가 높아지기 때문입니다. 레스토랑에 날개를 달아주는 별점은 크게 3등급으로 구분됩니다.

별 3개 - 요리를 맛보기 위해 특별한 여행을 떠날 가치가 있는 레스토랑

(Exceptional cuisine, worth a special journey)

별 2개 - 요리가 훌륭해 멀리 찾아갈 만한 레스토랑
(Excellent cooking, worth a detour)

별 1개 - 해당 카테고리에서 음식 맛이 뛰어난 레스토랑
(Very good cooking in its category)

요리 재료의 수준, 요리법과 풍미의 완벽성, 요리의 창의적인 개성, 가격에 합당한 가치, 전체 메뉴의 일관성 등의 평가 기준으로 시간을 투자해 가볼 만한 레스토랑들을 선정하는 것입니다.

이 기준에 의하면 인 시투는 해당 카테고리에서 음식 맛이 뛰어난 레스토랑입니다. 미쉐린 가이드에서 별 1개를 받았기 때문입니다. 동시에 요리가 훌륭해 멀리 찾아갈 만한 레스토랑이기도 합니다. 그러면서도 요리를 맛보기 위해 특별한 여행을 떠날 가치가 있는 곳이기도 합니다. 미쉐린 가이드의 기준은 명확한데 어떻게 인 시투는 별 1개를 받고도, 별 2개 혹은 3개를 단 곳과 동등한 지위를 가질 수 있는 걸까요?

인 시투의 메뉴를 보면 미쉐린 가이드의 별점 기준을 넘나든다는 설명에 공감할 수 있습니다. 별 개수를 막론하고 미국, 이탈리아, 스페인, 영국, 페루 등 미쉐린 스타 레스토랑

들의 요리를 카피해 메뉴로 구성했기 때문입니다. 언뜻 보기엔 아류 레스토랑 같지만 인 시투의 컨셉과 구현 방식 덕분에 레시피를 카피하고도 참여자 모두가 혜택을 누리는 독창적인 레스토랑으로 거듭납니다.

고객의 혜택 - 앉아서 미식 여행을 떠난다

아무리 미쉐린 스타 레스토랑의 레시피로 요리를 했다고 해도 원조가 아닌데 고객의 발길을 이끌 수 있을까요? 세계 각국의 미쉐린 스타 셰프의 요리를 똑같이 카피했음에도 불구하고 세간의 찬사를 받는 현상을 이해하기 위해선 인 시투가 제공하는 요리 자체와 고객 경험을 구분해서 살펴봐야 합니다.

　우선 고객 경험을 만드는 출발점이 탄탄합니다. 인 시투에서 내놓는 요리는 미쉐린 레스토랑의 레시피를 모티브로 하거나 흉내 내는 정도가 아니라, 원본 그대로 구현하는 것을 목표로 합니다. 그래서 메뉴명, 재료, 조리 방식은 기본이고, 사용하는 접시, 플레이팅 등 디테일한 부분까지 원본과 똑같이 만들어 내놓습니다. 어느 정도로 집착하냐면 원재료를 샌프란시스코에서 구할 수 없을 경우 현지에서 조달해서 사용하고 재료가 떨어지면 판매를 일시 중지하기도 합니다. 물

SPARKLING WINE

Schramsberg, Blanc de Noirs, Brut 2013 California	19/86
Roederer Estate NV, Brut Anderson Valley	14/63

WHITE WINE

Wolf Family Vineyards, Sauvignon Blanc 2016 Napa Valley	15/68	A
Hendry, Albariño 2016 Hendry Vineyard, Napa Valley	14/63	
Wind Gap, Trousseau Gris 2016 Fanucchi-Wood Road Vineyard, Russian River	14/63	B
Gros Ventre, Vermentino 2017 Barsotti Vineyard, El Dorado	16/72	
Robert Sinskey Vineyards, Abraxas 2014 Scintilla Sonoma Vineyard, Carneros	18/81	C
Kesner, Rockbreak, Chardonnay 2016 Sonoma Coast	19/86	D

ROSE WINE

Vivier, Pinot Noir 2017 Sonoma Coast	15/68	E

RED WINE

Broc Cellars, Counoise 2015 Eagle Point Ranch, Mendocino	14/63	F
Copain, Pinot Noir 2015 Les Voisins, Anderson Valley	18/81	G
Le P'tit Paysan, P'tit Pape 2015 Central Coast	15/68	H
Bodegas Paso Robles, Solea, Tempranillo 2009 Central Coast	16/72	I
Hunt & Harvest, Cabernet Sauvignon 2016 Napa Valley	18/81	J

SSERT AND FORTIFIED

o Puro Vineyards, Late Harvest uvignon Blanc, Semillon 2012 icho Oro Puro, Napa Valley	18	K

SMALL

Caramelized Carrot Soup coconut foam, chaat masala Nathan Myhrvald, Modernist Cuisine, Bellevue, Washington, 2011	7	B
Dadinhos de Tapioca tapioca and cheese fritters Rodrigo Oliveira, Mocotó, Sao Paulo, Brazil, 2005	14	C
Cuttlefish Cappuccino potato, braised cuttlefish, ink Massimiliano Alajmo, Le Calandre, Rubano, Italy, 1996	18	O
Homemade Kamaboko Tempura fried fish cake with ginger-scallion In Situ	10	A O

MEDIUM

Anis Marinated Salmon caviar of flying fish, cucumber jelly, afilla cress, pickled ginger Harald Wohlfahrt, Restaurant Schwarzwaldstube Baiersbronn, Germany, 2010	28	B
Dill-Brined Cabbage wasabi emulsion, stout vinegar, black truffle mushroom Simon Rogan, L'Enclume, Cartmel, England, 2013	24	G
Wasabi Lobster mango jelly, Thai vinaigrette, wasabi marshmallow (spicy) Tim Raue, Restaurant Tim Raue, Berlin, Germany, 2013	28	B Q

LARGE

Halibut Stuffed with Egg Yolk peas, black trumpet mushrooms, sauce mignonette Hans Haas, Tantris, Munich, Germany, 2010		D G
'Lamb Carrot' braised lamb with sheep's milk yoghurt Clare Smyth, Core, London, England, 2017		H P
Farro Piccolo Risotto hen of the wood mushrooms,	1	I

1

메뉴를 Small, Medium, Large로 구분
해 고객이 선택적으로 조합할 수 있게 했습
니다

in situ \(')in-,si-('t)(y)ü\. Latin
adverb, adjective
1. situated in place or position
2. synergizing and interacting
collaboratively within a context

NATHAN MYHRVOLD, MODERNIST CUISINE
Bellevue, Washington

Nathan Myhrvold, the retired chief strategist and technology officer of Microsoft, is a visionary renaissance man with a passion for cooking. In his warehouse of mad science, he takes an analytical approach to collect, photograph, and compile his findings into an encyclopedia of food science. It's immense scope and highly visual presentation make a valuable resource and demonstrate that all cooking is technically molecular. □□

RODRIGO OLIVEIRA, MOCOTÓ
Sao Paulo, Brazil

Mocotó, opened in 1973 and named after the beloved cow's feet soup, is a favorite for working-class locals and gourmands alike. When Rodrigo Oliveira took over the family business, he updated classic northeastern recipes from his father's native Pernambuco and invented new dishes from forgotten ingredients. With affordable prices and warm hospitality, he creates an inclusive environment where anyone can enjoy his high-caliber cooking. □□

MASSIMILIANO ALAJMO, LE CALANDRE
Rubano, Italy

A family affair, Le Calandre is helmed by second-generation chef Massimiliano Alajmo. With a sense of discovery, he does not shy away from labor-intensive methods to add nuanced flavor to each plate. Depth, lightness, and fluidity ground his modern style and bring out unique traits in his preparations. □□

HARALD WOHLFAHRT, RESTAURANT SCHWARZWALDSTUBE
Baiersbronn, Germany

Traube Tonbach is a historic hotel in southwestern Germany that began in 1789 as a tavern catering to lumberjacks of the Black Forest. Their flagship Restaurant Schwarzwaldstube opened in 1977 and has become a training ground for many of

carefully sourced ingredients to the plateware and decor, this proudly British restaurant celebrates the country's craftsmanship both on and off the plate.

KELLY WHITAKER, BASTA
Boulder, Colorado

At the heart of Basta lie a wood-fired oven and a deep love for hospitality. Pizza – inspired by Kelly Whitaker's time in Campana – is the vehicle to showcase Colorado's local products and history of heritage grains. As co-founder of the Noble Grain Alliance and participant in Cereal R&D, he advocates for growing, milling, and baking with these once-forgotten varieties to bringing back the sense of place and complex flavors bred out in commodity wheat.

DOMINIQUE ANSEL, DOMINIQUE ANSEL KITCHEN
New York City

When Dominique Ansel invented the Cronut, he launched a cultural phenomenon that spread worldwide. Not resting on his laurels, he constantly develops fanciful new desserts evoking childhood memories embedded in our national consciousness. By day, Dominique Ansel Kitchen specializes in made-to-order pastries. By night, it's the host of U.P. (short for unlimited possibilities), a themed dessert tasting menu. □□

ALBERT ADRIÀ, TICKETS
Barcelona, Spain

After spending years as the creative powerhouse of El Bulli, widely regarded as the world's most innovative restaurant, Albert Adrià has created a growing empire of Barcelona restaurants that continues to push ingenuity to new levels. He marries technical complexity and whimsy without compromising soul or substance. Each project, whether rooted in Barcelona or abroad, is a unique spectacle that immerses the diner in his world. □□

MASSIMO BOTTURA, OSTERIA FRANCESCANA
Modena, Italy

In a culture and time that treasured culinary tradition over experimentation, Massimo Bottura is an iconoclast. To keep Italy's cultural heritage alive, he reconstructs it by taking abstract concepts an idea, a story, a memory, a work of art or literature and capturing them in a single dish. While his point of view is critical, not nostalgic, he masterfully juxtaposes affection with irreverence. □□

2

DAN GIUSTI, BRIGAID

2
메뉴에는 요리를 창작한 미쉐린 스타 셰프
와 레스토랑 등에 대한 설명이 상세하게 적
혀 있습니다.

론 예외도 있습니다. 미쉐린 스타 셰프들의 요리 중에는 셰프의 자율성과 재료의 현지화를 허용하기도 하는데, 이럴 경우에는 레시피와 다른 재료를 쓰기도 합니다.

이처럼 요리를 똑같이 만들기 때문에 요리의 맛은 차이가 없어도, 요리를 맛보는 경험은 다릅니다. 하나의 미쉐린 스타 레스토랑의 요리만 재현해냈다면 분점에 그쳤겠지만, 인 시투는 15개 내외의 미쉐린 스타 레스토랑의 요리를 동시에 선보입니다. 덕분에 고객들은 한자리에서 전 세계 여러 미쉐린 스타 셰프의 요리를 선호에 따라 즐길 수 있습니다. 여기에다가 일부 상시 메뉴를 제외하고 3개월 정도마다 순차적으로 메뉴를 바꾸기 때문에 장기적으로 고객들이 맛볼 수 있는 미쉐린 스타 셰프의 요리는 계속해서 늘어납니다. 고객들이 일일이 미쉐린 셰프 레스토랑을 찾아다니는 게 아니라 미쉐린 셰프 요리가 고객들을 찾아오는 셈입니다.

15여 개의 서로 다른 미쉐린 스타 셰프의 요리는 Small, Medium, Large 등 3가지로 구분되는데, Small은 한 입 거리의 에피타이져, Medium은 입맛을 돋우는 에피타이져 그리고 Large는 메인 요리입니다. 이렇게 메뉴 구분을 하자 위 순서의 코스로 먹을 경우 미쉐린 스타 셰프 요리를 즐기는 방법이 100가지 이상으로 늘어납니다. 전 세계의 여러 미쉐린 스타 레스토랑의 요리를 고객들이 능동적으로 선택해 코스처럼 먹을 수 있게 구성하자 원조 레스토랑에서는 상상할 수 없었던 고객 경험이 가능해집니다.

그뿐 아니라 미쉐린 스타 레스토랑의 요리를 예약 없이 먹을 수 있는 점도 인 시투를 원조 레스토랑들과 차별화시킵니다. 보통의 경우 미쉐린 가이드의 별점이 높은 레스토랑들은 몇 달 전부터 예약해야 하는 곳들이 수두룩하며, 그 정도까지는 아니더라도 당일에 즉흥적으로 방문하는 건 엄두도 못 냅니다. 하지만 원조 레스토랑들과 달리 인 시투는 공간을 다이닝 룸과 라운지 등 2개로 구분해 운영하면서 당일에 방문하는 고객들에게도 기회를 열어 둡니다. 사전에 자리 확보가 필요한 고객들을 위해 다이닝 룸 구역은 예약을 받는 대신 라운지 공간에서는 원칙적으로 예약을 받지 않고 당일에 오는 사람을 우선적으로 배려합니다. 그래서 미쉐린 가이드 별 3개를 받은 레스토랑의 요리도 몇 달이 아니라 몇 분만 기다리면 먹어볼 수 있습니다.

레스토랑의 혜택 - 메뉴 개발 고민이 사라진다

미쉐린 스타 레스토랑의 레시피를 복제해서 요리를 내놓지만, 인 시투 레스토랑 스스로도 미쉐린 가이드의 별 1개를 달았습니다. 전 세계의 미쉐린 스타 레스토랑의 요리를 한 자리에서 먹을 수 있다는 독창성 덕분입니다. 인기몰이에 도움이 되는 것은 물론입니다. 이처럼 미쉐린 스타 레스토랑의 요리를 그대로 재현한다는 컨셉이 매출을 올려주는 역할만 해도 고마울 텐데, 심지어 비용적인 측면에서도 긍정적인 요소로 작용합니다. 인 시투가 절감하는 비용을 이해하기 위해선 주방 안을 들여다볼 필요가 있습니다.

주방의 고민 중 하나는 메뉴 개발입니다. 재방문을 유도하고 신규 고객을 불러들일 때 시그니처 메뉴만큼이나 새로운 메뉴가 중요하기 때문입니다. 하지만 매장 수가 많은 경우 신메뉴 개발에 적극적일 수 있어도, 레스토랑이 하나뿐이라면 지속적으로 메뉴를 개발하는 게 부담입니다.

이해를 돕기 위해 상황을 설정해 예를 들어 보겠습니다. A 레스토랑은 10개의 지점을 가지고 있고 B 레스토랑은 단독 매장인데, 두 레스토랑 모두 개별 레스토랑의 공간 크기는 같고 매장당 손님 수도 비슷합니다. 그리고 계절 메뉴 개발에 각각 1,000만 원씩 들었다고 가정해 봅시다. 두 레스토랑은 계절 메뉴 개발에 들어간 비용을 회수하기 위해 어떻게 가격 책정을 해야 할까요?

A 레스토랑의 경우 모든 지점에서 매일 10개씩 100일 동안 계절 메뉴를 판다고 하면, 개당 메뉴 개발 비용은 1,000원입니다. 가격에 1,000원만 포함하면 R&D 비용을 커버할 수 있으니 큰 부담은 아닙니다. 반면 B 레스토랑은 매장이 하나이므로 매일 10개씩 100일 동안 계절 메뉴를 팔 경우, 개당 메뉴 개발 비용이 만 원으로 올라갑니다. R&D 비용을 회수하기 위해 가격을 만 원가량 높인다면 가격 경쟁력이 떨어질 수밖에 없습니다.

이렇듯 단독 매장일 경우 새로운 메뉴 개발이 어려울 수 있는데, 인 시투는 매장이 하나뿐이어도 새로운 메뉴 개발에 부담이 없습니다. 메뉴를 직접 개발하는 것이 아니라 미쉐린 스타 셰프들이 개발한 메뉴를 가져다 쓰기 때문입니다. 레시피 전달도 주로 원격으로 이루어져 큰 비용이 들지 않습니다. 가령 홍콩의 다니엘 뵐루Daniel Boulud는 요리 과정을 동영상으로 촬영해 보내주거나, 오클랜드의 탄야 홀랜드Tanya Holland는 전화 통화를 하면서 요리를 알려주거나, 도쿄의 세이지 야마모토山本征治는 40페이지가 넘는 레시피를 이메일로 보내주는 식입니다. 오히려 페루의 가스톤 아쿠리오Gastón Acurio처럼 레시피 전수를 위해 특사를 보내주는 경우도 있습니다.

1
마시모 보투라의 '이런! 레몬 타르트를 떨
어뜨렸네' 요리입니다. 인 시투에서는 이
러한 미쉐린 스타 셰프 요리를 그대로 재현
해 선보입니다. ⓒThe Guardian

원조 셰프의 혜택 - 요리가 예술 작품이 된다

미쉐린 셰프 레스토랑의 레시피를 그대로 재현한다는 컨셉은 인 시투의 매출을 높이고 비용을 줄이는 데 핵심적인 역할을 합니다. 이렇게 중요한데 인 시투가 남몰래 베껴 문제의 소지를 남겨둘 리 없습니다. 원작자에게 공식적인 허락을 받고 메뉴에 포함시킵니다. 그렇다면 미쉐린 스타 셰프들에게는 어떤 혜택이 있길래 인 시투에 레시피를 공유하는 것일까요?

인 시투는 스스로를 '전시 레스토랑Exhibition restaurant'이라고 부릅니다. 혁신적이고, 아이코닉하며, 영향력 있는 미쉐린 스타 셰프들의 요리를 전시회처럼 주기적으로 바꿔서 소개하면서 셰프와 대중 사이에 접점을 제공한다는 뜻입니다. 그래서 모든 메뉴에는 셰프, 레스토랑, 도시, 국가, 요리를 만든 연도 등 미쉐린 스타 레스토랑에 대한 정보가 적혀 있습니다. 그뿐 아니라 메뉴판의 뒷면에는 현재 시점에서 전시되고 있는 모든 미쉐린 스타 셰프들에 대한 정보를 한 문단 정도의 길이로 설명해 줍니다.

원조 셰프의 요리를 작품으로 여기고 이를 소개하는 메뉴판에서 관련 정보를 보다 보면 특징적인 점을 발견할 수 있습니다. 요리를 만든 연도에서 최신 연도를 찾아보기가 어렵습니다. 대부분의 요리는 과거에 창작되어 현재는 원조 미쉐린 스타 레스토랑에서 판매하지 않는 요리들입니다. 그렇기 때문에 미쉐린 스타 셰프 입장에서도 레시피를 공유하는 데 부담이 없습니다. 오히려 과거의 요리를 다른 곳에서 리바이벌시키면서 그들의 존재를 알리고 명성을 쌓을 수 있어 원조 셰프들에게도 득이 됩니다.

이 정도로도 원조 셰프들이 인 시투에 그들의 레시피를 공유할 수 있겠지만, 그들의 마음을 여는 데 보이지 않는 역할을 하는 것이 인 시투를 만든 코리 리^{Corey Lee} 셰프의 존재감입니다. 그가 샌프란시스코에 첫 번째로 오픈한 레스토랑이 '베누^{Benu}'인데, 이 레스토랑이 2014년도에 미쉐린 가이드에서 별 3개를 받았습니다. 샌프란시스코에 있는 레스토랑 중에는 최초입니다. 코리 리 스스로가 최고의 미쉐린 스타 셰프이기 때문에 그의 제안에 미쉐린 스타 셰프들이 선뜻 그들의 레시피를 믿고 맡길 수 있는 것입니다.

위치가 높이는 가치

미쉐린 가이드의 평가 기준에서도 설명했듯이 미쉐린 가이드는 요리의 맛으로만 별점을 매기지 않습니다. 역사적 가치, 지역적 특수성, 창의적 스토리 등 요리의 맥락적인 부분까지도 평가에 포함합니다. 맥락은 직관적이지 않기 때문에 때로는 미쉐린 가이드에서 선정한 레스토랑 혹은 요리들이 논쟁의 대상이 되기도 합니다.

인 시투에서도 판매를 했던 '이런! 레몬 타르트를 떨어뜨렸네Oops! I dropped the lemon tart'가 대표적인 사례입니다. 이 요리는 미쉐린 가이드 별 3개를 받은 이탈리아 셰프 마시모 보투라Massimo Bottura가 창작한 디저트로 레몬 타르트를 엎어서 깨뜨려 놓은 모습입니다. 형태적 요소만 보면 엉망인 듯 보여 요리인지 의문이 들지만, 이 요리가 만들어진 맥락을 들어보면 불완전성이 예술성으로 바뀝니다. 직원이 서빙을 하다가 레몬 타르트를 실수로 떨어뜨렸는데, 그 장면을 보고 영감을 얻어 만든 요리이기 때문입니다. 파괴된 모습에서 창조적 가치를 떠올린 낸 셈입니다.

마시모 보투라의 요리처럼 맥락은 중요합니다. 인 시투를 만든 코리 리는 미쉐린 스타 셰프로서 이를 모르지 않습니다. 그래서 인 시투의 위치도 맥락적 요소를 고려해 선정했습니다. 인 시투는 거리, 쇼핑몰, 오피스 건물 등이 아니라 샌프란시스코 현대 미술관SFMOMA의 1층에 입점해 있습니다. 미

1
인 시투가 위치한 샌프란시스코 현대 미술
관의 전경입니다. ⓒSFMOMA

술관이 전 세계의 예술 작품들을 모아 대중이 감상할 수 있게 했듯, 인 시투는 미쉐린 스타 셰프들의 예술 작품 같은 요리를 한 자리에서 맛볼 수 있는 전시 레스토랑으로 만들었기 때문에 미술관과 일맥상통한다는 설명입니다.

인 시투 사례에서 볼 수 있듯이 카피에도 맥락이 중요합니다. 그냥 레시피를 베낀 것이라면 아류로 남았겠지만, 전시 레스토랑이라는 맥락을 부여하니 오리지널로서의 가치가 생깁니다. 인 시투가 남의 레시피를 가져다 쓰면서도 당당할 수 있는 이유입니다.

05

써니힐즈

디저트와 차를 공짜로 대접하는 디저트 가게

구경을 구매로 바꾸는 접객의 기본

버블티라고 불리는 '쩐주나이차珍珠奶茶'의 원조는 대만의 '춘수당春水堂'입니다. 춘수당은 밀크티에 타피오카로 만든 버블을 넣은 버블티를 최초로 개발했습니다. 춘수당의 버블티는 대만의 차 문화에 그야말로 센세이션을 일으켰습니다. 달콤하면서도 깊은 풍미의 밀크티에 버블의 쫄깃쫄깃한 식감이 더해져, 젊은 사람들을 중심으로 대만 전역에서 인기를 끌며 국민 음료로 자리 잡습니다.

춘수당은 버블티의 원조이기도 하지만 대만의 버블티 브랜드 중 가장 고급 브랜드이기도 합니다. 여유롭고 고급스러운 매장은 물론이고, 자체적으로 운영하는 전문가 과정을 통해 자격을 인정받은 사람만을 채용하여 차의 품격을 높입니다. 또한, 춘수당의 차 전문가들은 일반인들을 대상으로 버블티를 직접 만들고 즐길 수 있도록 클래스를 진행하기도 합니다. 원조부터 초심을 잃지 않고 버블티의 고급화를 추구하

1
[영상] 타이베이에 위치한 써니힐즈 본점
의 브랜드 소개 영상입니다.
ⓒSunnyHills

면서도 대중화하려는 노력을 하니, 국민 음료로서 버블티의 위상에 거품이 생길 여지가 없습니다.

대만을 대표하는 음료에 버블티가 있다면, 대만을 대표하는 과자에는 펑리수鳳梨酥가 있습니다. 펑리수는 버터, 달걀 등을 섞어 만든 밀가루 반죽 안에 파인애플 소를 넣어 구운 과자입니다. 대만의 펑리수 브랜드에는 쇼우신팡手信坊, 치아더펑리수佳德鳳梨酥, 순청땅까오順成蛋糕, 썬메리Sunmerry, 이즈쉬엔一之軒 등 유명한 브랜드만 해도 5개 이상입니다. 브랜드마다 파인애플 소의 구성 요소와 파인애플 함량이 다르고, 반죽에도 차이가 있어 사람들의 선호가 달라집니다. 어떤 브랜드들은 파인애플 외에도 크랜베리, 계란 노른자 등을 활용해 색다른 맛의 펑리수를 선보이기도 합니다.

그중에서도 최고급 펑리수로 인정받는 브랜드는 '써니힐즈SunnyHills'입니다. 오전 10시에 오픈하는 써니힐즈 매장 앞에는 오픈 시간 전부터 긴 줄이 늘어섭니다. 이런 현상은 주중, 주말을 가리지 않습니다. 고객군도 관광객과 현지인 비중이 비등합니다. 관광객들 사이에서 유명할 뿐만 아니라 현지인들에게도 인정받고 있다는 뜻입니다.

이런 써니힐즈의 인기는 써니힐즈의 역사나 규모, 가격만으로는 설명할 수가 없습니다. 써니힐즈는 펑리수를 최초

1
써니힐즈 매장에 들어선 고객에게 자리를
안내하고 펑리수와 우롱티 세트를 대접합
니다.

로 개발한 곳도 아니고, 매장도 테이크아웃 전문 매장을 포함해 대만 전역에 6곳뿐입니다. 게다가 다른 브랜드들에 비해 많게는 가격이 3배 이상 비쌉니다. 그럼에도 불구하고 펑리수의 대표 브랜드로 자리 잡았습니다. 이러한 써니힐즈의 인기를 어떻게 설명해야 할까요? 답은 써니힐즈의 기본기에 있습니다.

모객의 기본 - 제품을 경험하게 한다

써니힐즈의 매장은 시식하는 매장입니다. 시식이라고 해서 대형 마트나 여느 매장처럼 판매하는 제품의 일부를 잘라서 지나가는 행인들에게 맛보라고 권하는 것이 아닙니다. 고객이 매장에 들어서면 앉을 자리를 안내하고, 포장도 벗기지 않은 온전한 펑리수 한 개를 따뜻하게 우린 우롱차 한 잔과 함께 고급스러운 나무 쟁반 위에 서빙해 줍니다. 물론 시식이기 때문에 고객들은 돈을 내지 않아도 됩니다.

펑리수를 무료로 나눠주는 것도 모자라, 머무르는 공간에도 신경을 씁니다. 우선 입장하는 인원수를 제한해 고객들이 쾌적하고 여유롭게 써니힐즈의 펑리수를 맛볼 수 있게 배려합니다. 또한, 나무 소재를 중심으로 매장 인테리어를 꾸며

1·2
분재와 센터피스를 활용한 인테리어는 평
온하고 안락한 휴식처 같은 분위기를 조성
합니다.

3·4
매장 곳곳의 예술 작품 덕분에 매장이 한층
더 고급스러워 보입니다.

편안한 느낌을 줍니다. 게다가 매장 곳곳에 예술 작품과 분재까지 비치해 도심 속 휴식 공간 같은 분위기를 연출합니다. 제품을 공짜로 나눠주기에 급급한 게 아니라, 돈 주고도 살 수 없을 만한 경험으로 만들어 주는 것입니다. 그렇다면 써니힐즈는 돈을 어떻게 벌까요?

매장에서 공짜 같지 않은 공들인 대접을 받고 나면 빈손으로 나가기 어렵습니다. 심리학적으로 받은 대로 갚아야 한다는 '상호성의 원칙'이 작동하거니와, 입 안을 맴도는 달콤한 펑리수가 머릿속에서도 맴돕니다. 집 또는 사무실에 가서도 펑리수를 먹고 싶다는 생각이 듭니다. 펑리수를 구매할지 말지는 전적으로 고객의 선택이지만, 대부분의 사람들이 나가는 길에 마련되어 있는 펑리수 매대를 그냥 지나치지 않습니다.

구매의 순간 써니힐즈는 또 한 번 지혜를 발휘합니다. 펑리수를 10개입, 16개입 등 세트로만 판매하고 낱개로는 팔지 않음으로써 객단가를 높입니다. 고객이 10개입 상자를 구매할 경우, 써니힐즈 입장에서는 고객에게 무료로 제공한 펑리수 1개를 포함해 펑리수 11개를 10개 가격에 파는 것과 마찬가지라 결과적으로 약 10%의 할인을 해주는 셈입니다. 하지만 단순히 가격을 10% 할인해 판매하는 것과 비교했을 때,

고객 만족이나 구매 전환 측면에서 더 효과적인 판매 방식입니다.

이처럼 고객에게 제품을 구매하라고 소리치기보다, 먼저 다가가 제품을 공짜로 나눠주는 건 품질에 대한 자신감이 있기에 가능한 방식입니다. 시식을 위한 매장을 운영할 정도의 자신감은 어디서 나오는 것일까요? 써니힐즈가 펑리수를 만드는 과정을 살펴보면, 그들의 배짱을 이해할 수 있습니다.

제품의 기본 - 재료를 충실하게 쓴다

'스타 셰프', '쿡방'의 원조로 불리는 미국의 요리연구가 줄리아 차일드Julia Child는 '화려하고 복잡한 걸작을 요리할 필요는 없다. 다만 신선한 재료로 좋은 음식을 요리하라.'라는 명언을 남겼습니다. 그만큼 음식에 있어서 좋은 재료와 알맞은 요리 방법이 중요하다는 의미입니다. 최고의 펑리수라고 평가받는 써니힐즈 또한 식재료와 레시피의 중요성을 간과하지 않습니다. 최고급 재료로 펑리수의 본질을 살린 요리법을 따르자, 최고급 펑리수의 필요조건이 충족됩니다.

먼저 펑리수 맛의 핵심 요소인 파인애플 필링은 100% 팔괘산八卦山 지역의 파인애플로만 만듭니다. 여타 펑리수 가

1
써니힐즈의 펑리수는 파인애플의 섬유질
이 그대로 살아 있어 식감도 쫀득하고, 새
콤달콤한 파인애플의 풍미를 그대로 느낄
수 있습니다. ⓒSunnyHills

2
써니힐즈에서는 고객에게 펑리수와 함께
대접하는 우롱차도 판매합니다. 고급스러
운 패키지 덕분에 선물용으로 구매하는 고
객이 많습니다.

3
써니힐즈에서는 팔괘산에서 재배한 파인
애플로 만든 100% 파인애플 주스를 판매
하기도 합니다.

게에서 파인애플보다 저렴한 박이나 동아를 섞어 만드는 것과는 재료부터가 다릅니다. 게다가 팔괘산의 파인애플은 여름에 더 달고, 겨울에 더 신맛이 나는데 그 맛을 펑리수에도 고스란히 반영합니다. 첨가물로 일정한 맛을 유지하기보다는 자연이 낳은 맛의 차이를 살려 사람들이 진짜 파인애플의 맛을 느낄 수 있도록 하는 것입니다. 계절에 따른 맛의 변화는 써니힐즈가 순수하게 파인애플만을 쓴다는 사실을 방증합니다. 또한 '펑리수'는 이름이 그 자체로 '파인애플'이라는 의미를 포함하고 있어 파인애플 외에 다른 맛의 펑리수를 취급하지 않는 것도 특징입니다. 입맛에 따라 제품을 변형시키기보다 기본에 충실한 맛을 지키고자 하는 써니힐즈의 생각이 반영된 선택입니다.

그뿐 아니라 파인애플 필링 외의 부재료도 최고급으로 선별합니다. 밀가루 반죽을 만드는 데는 뉴질랜드의 청정 지역에서 생산한 버터와 일본산 특제 밀가루를 사용합니다. 또한 소비자가 정확한 정보를 알 수 있도록 TAP^{Traceable Agricultural} Products가 공인한 재료가 아니면 취급하지 않습니다. 최고급 재료가 내는 맛의 조화를 방해하지 않기 위해 방부제나 감미료도 첨가하지 않습니다. 이러한 원칙을 바탕으로 풍부한 맛의 파인애플 필링과 부드러운 버터 향이 나는 크러스트가 서로 어우러지며 가장 펑리수다운 펑리수가 만들어집니다.

써니힐즈에서 볼 수 있듯 펑리수 맛에서 파인애플 필링이 핵심이라면, 다른 업체들도 써니힐즈처럼 팔괘산에서 재배한 파인애플로만 펑리수의 소를 채울 순 없는 걸까요? 써니힐즈가 원재료를 조달하기 위해 노력한 흔적을 보면 경쟁 업체들이 따라하기 쉽지 않다는 것을 짐작할 수 있습니다.

거래의 기본 - 상대를 공정하게 대한다

거래의 기본은 거래에 참여하는 모든 당사자들이 합당한 이익을 얻는 것입니다. B2C 거래에서뿐만 아니라 B2B 거래도 마찬가지입니다. 판매자는 물건을 팔아 이득을 얻고, 매입자는 물건을 사서 효용을 얻습니다. 당연한 듯한 이야기처럼 보이지만 현실에서는 기본이 이뤄지지 않는 경우도 많습니다. 그래서 '공정무역'이 세계적 화두가 되기도 합니다.

공정무역은 경쟁에서 뒤처진 생산자들과 노동자들의 권익을 보장하기 위해 공정한 가격과 조건 하에 이루어지는 거래입니다. 약자를 보호하려는 선의를 가지고 있지만, 공정무역 역시 '거래'의 일종이기 때문에 판매자와 매입자 모두 이득을 얻어야만 지속 가능합니다. 공정무역을 합당한 대가 없이 무조건 높은 가격에 원재료를 사들이는 것으로 이해하기도 하는데, 이런 구조는 매입자가 자선 사업가나 비영리 단체가 아닌 이상 유지하기 어렵습니다. 써니힐즈는 공정무역의 취지에 공감하고, 공정무역의 본질에서 영감을 받아, 그 원리를 활용하여 또 다른 의미의 공정무역 구조를 만듭니다.

써니힐즈는 대만의 팔괘산 지역 농부들로부터 파인애플을 조달합니다. 과거 팔괘산 지역은 지형과 기후가 파인애플을 생산하기에 적합해 많은 농가들이 파인애플을 재배했던 곳이었습니다. 하지만 파인애플이 제값을 받지 못하자 농가들이 수익성이 높은 생강 등으로 재배하는 종목을 바꾸기 시작했습니다. 써니힐즈는 농가들이 다시 파인애플을 재배할 수 있도록 헐값이었던 기존의 가격보다 더 높은 가격을 제시합니다. 써니힐즈가 공정한 가격을 보장하자 자연스레 많은 농가들이 다시 파인애플을 재배하기 시작했고, 천혜의 자연환경에서 유기농법으로 재배한 파인애플은 써니힐즈 펑리수의 토대가 됩니다. 파인애플 농가는 합당한 이득을, 써니힐즈는 건강한 파인애플을 안정적으로 얻을 수 있는 선순환 구조가 생겨난 것입니다.

써니힐즈의 이러한 접근으로 지역 경제에 활력이 생기자, 팔괘산 지역의 사람들 사이에서는 지역 경제를 키우기 위해 서로 도와야 한다는 사회 인식이 퍼지기 시작했습니다. 써니힐즈는 지역 주민들의 의지에 힘을 보태고, 이런 문화가 자리 잡을 수 있도록 팔괘산 지역에 있는 써니힐즈 매장 바로 옆에 팔괘산 주민들이 지역 특산물을 팔 수 있는 공간을 선뜻 내어줍니다. 거래의 방식으로 지속 가능한 공정무역을 실현했을 뿐만 아니라, 지역 주민들을 위한 새로운 공정무역의 장을 마련한 셈입니다. 써니힐즈가 만든 선순환 구조 덕분에 써니힐즈의 펑리수가 더 많이 팔릴수록 써니힐즈의 토대는 더욱 단단해집니다.

고객의 시간까지 배려한다

써니힐즈는 대만을 시작으로 싱가포르, 중국, 일본, 홍콩 등에 걸쳐 10여 개의 매장을 운영합니다. 대부분의 매장은 바다, 숲 등의 자연에서 영감을 받아 디자인했습니다. 매장은 고객들이 머무르는 공간으로 고객들의 시간을 담기 때문에, 어느 지역에서든 써니힐즈의 매장을 방문한 고객들이 펑리수를 편안한 분위기에서 즐길 수 있도록 배려한 것입니다.

써니힐즈의 여러 매장 중에서 공간에 대한 써니힐즈의 철학이 여실히 드러나는 곳이 2013년에 오픈한 도쿄 아오야

1
[영상] 노송나무 각재들을 쌓아 만든 써니
힐즈 아오야마 지점은 일본의 목조건축 기
법과 햇빛이 조화를 이루어 독특한 공간감
을 연출합니다. ⓒSunnyHills Tokyo

마점입니다. 일본의 국가대표급 건축가 구마 겐고隈研吾가 설계한 이 매장은 일본의 전통 목조 건축 기법인 '지고쿠구미地獄組み'를 활용해 지었습니다. 보통의 경우 지고쿠구미는 목재를 2차원으로 교차시킬 때 사용하는 방법이나, 구마 겐고는 30도의 각을 세워 3차원으로 연결해 새 둥지 같은 구조체로 만들었습니다. 입체적으로 결합된 각재들 사이로 빛이 새어 들어오는데, 시간대에 따라 빛이 달라져 매장 내의 분위기도 바뀝니다. 매장을 방문하는 사람들이 각자가 좋아하는 시간대를 찾길 바라는 마음을 담아 설계한 것입니다. 덕분에 무료로 펑리수를 경험하는 시간이 무료할 리 없습니다.

써니힐즈는 2008년에 경쟁 브랜드 대비 후발 주자로 출발했지만, 제품 경쟁력을 강화하고 매장을 중심으로 기존에 없던 고객 경험을 제공하면서 대만 펑리수의 기준이 되었습니다. 써니힐즈 사례처럼 기본기만 충실해도 역사와 전통을 가진 브랜드를 넘어설 수 있습니다. 기본기를 닦는 일은 누구나 중요하다고 생각하지만 아무나 잘 해낼 수 있는 건 아닙니다.

원 하버 로드

06

조리 과정을 메뉴로 만든 레스토랑

기다림을 기대감으로 끌어올리는 방법

달콤한 상상을 하나 해봅시다. 파티쉐가 눈앞에서 디저트를 만들어주는 겁니다. 그것도 즉흥적으로. 홍콩의 디저트 바 '아툼 데저런트Atum Desserant'에 가면 상상이 현실이 됩니다. 바 테이블마다 파티쉐가 즉흥 디저트 쇼를 보여줍니다. 메뉴 이름도 즉흥 재즈 연주를 뜻하는 '임프로바이제이션Improvisation'입니다. 스테이크 같은 브라우니, 석탄 초콜릿 아이스크림 등 위트 만점의 단품 메뉴도 인기지만, 아툼 데저런트의 최고 인기 메뉴는 단연 임프로바이제이션입니다.

먼저 바 테이블에 앉아 흰색, 회색, 검은색 중 하나를 골라 실리콘 매트를 깝니다. 이 매트를 캔버스 삼아 바 건너편의 파티쉐가 손님 눈앞에서 디저트를 한 땀 한 땀 '그려' 나갑니다. 색색깔의 소스로 난 치듯 시원시원하게 획을 긋고 점을 찍으며 밑그림을 다집니다. 화포 위에 물감을 즉흥적으로 흩뿌리며 우연한 작품을 만들어내던 잭슨 폴록Jackson Pollock

1
[영상] 임프로바이제이션 메뉴를 만드는
과정입니다. 요리 과정을 감상하는 것도 메
뉴의 일부입니다.

의 액션 페인팅Action painting을 연상케 합니다. 그리고 무스 타입, 슬레이트 타입, 털실 타입, 큐브 타입 등 다양한 제형과 색깔의 초콜릿, 푸딩, 생크림, 마시멜로, 모찌, 과일 등을 차곡차곡 쌓아 올립니다. 여기에 드라이아이스 연기를 내뿜는 액화 질소 아이스크림을 즉석 제조해 얹으면 현장감이 배가 됩니다. 보통 디저트는 식사를 마무리하는 조연인데 여기서는 어엿한 주인공입니다. 레스토랑이나 위스키 바의 전유물이던 16층 전망을 누릴 수 있게 한 것도, 밤 11시 30분까지 심야 영업을 하는 것도 간만에 주인공 자리를 꿰찬 디저트를 최대한 여유롭게 즐길 수 있도록 하기 위함입니다.

임프로바이제이션 메뉴는 328홍콩달러(약 5만 1,000원)로 일반 디저트 메뉴 가격의 2배가 넘습니다. 고급 레스토랑에서의 제대로 된 한 끼 식삿값에 버금갑니다. 사실 디저트에 선뜻 쓰기에는 부담스러운 가격입니다. 그렇다고 파티쉐의 실력이나 재료의 퀄리티가 월등하게 뛰어난 것도 아닙니다. 그럼에도 사람들이 기다리면서까지 임프로바이제이션 메뉴를 찾는 건 과정을 살 수 있기 때문입니다. 잭슨 폴록이 결과물이 아니라 제작 과정 그 자체도 예술이 될 수 있음을 보여줬듯, 아툼 데저런트도 디저트 만드는 과정을 메뉴화하였습니다. 단순히 오픈 키친을 만든 것이 아니라 흥미로운 제조 과정을 눈앞에서 연출하니, 한 편의 쇼를 보는 듯합니다. 아툼 데저런트의 바 테이블을 '테이블 극장Table theatre'이라고 부르는 데는 이유가 있습니다.

안타깝게도 내부 사정으로 아툼 데저런트의 디저트 쇼는 더 이상 볼 수 없습니다. 그렇지만 다행히 홍콩에는 아툼 데저런트보다 더 전문적이고 희소한 조리 과정을 메뉴로 선보이는 곳이 있습니다. 바로 5성급 호텔 그랜드 하얏트에 있는 레스토랑 '원 하버 로드One Harbour Road'입니다. 원 하버 로드에서 '셰프스 테이블Chef's Table'을 예약하면 특별한 방식으로 호텔 주방을 엿볼 수 있습니다.

사적인 공간으로의 초대

원 하버 로드는 1930년대 상하이의 고급 대저택을 모티브로 한 광둥요리 전문 레스토랑입니다. 유리 모자이크로 장식한 분수대와 커다란 나무가 홀의 한가운데 자리해 야외 정원을 통째로 실내에 들여온 듯하고, 로즈우드 마감재와 앤티크 장식이 따뜻하고 기품있는 분위기를 자아냅니다. 그러면서도 육중한 대들보와 유리천장으로 궁전 같은 화려함을 뽐냅니다. 또한 홀 절반은 2개 층으로 나누고 계단과 난간을 설치해 고급 맨션의 발코니 같은 장면을 연출하며, 나머지 절반은 2개 층의 층고를 터서 통유리 너머로 빅토리아 하버 전망이 펼쳐지게 만들었습니다. 한눈에 봐도 손꼽히는 고급 레스토랑입니다.

셰프스 테이블이 이 고급스러운 홀 어딘가에 자리하나 싶지만, 예약 손님이 안내받는 곳은 따로 있습니다. 바로 주방입니다. 손님에게는 금기의 영역이던 주방 한복판을 그대로 가로질러 갑니다. 접시 달그락거리는 소리, 치익하고 팬에 기름 두르는 소리, 광둥어로 서로 지시를 주고받는 소리와 함께 수십 명의 조리사가 분주하게 일하고 있습니다. 셰프스 테이블은 이 주방의 가장 안쪽에 자리합니다.

셰프스 테이블의 가격은 저녁 식사가 인당 1,527홍콩달러(약 24만 원)부터 시작해 1,068홍콩달러(약 17만 원)부터 시작하는 일반 코스 메뉴 대비 비싼 편입니다. 셰프스 테이블의 가장 비싼 메뉴는 2,957홍콩달러(약 46만 원)까지 가격이 올라가기도 합니다. 일반 메뉴를 먹을 수 있는 홀도 고급스러우니, 셰프스 테이블은 얼마나 호화찬란할지 기대가 됩니다.

그런데 의외로 셰프스 테이블은 소박합니다. 원래 셰프가 레시피를 개발하고 회의를 하는 등 실무를 보는 곳이기 때문입니다. 한편에 컴퓨터와 프린터도 있고, 각종 향신료와 말

1·2
눈길이 닿는 하나하나 모두 고급스러운 원
하버 로드지만, 셰프스 테이블을 위한 특별
한 공간은 따로 있습니다.
ⓒOne Harbour Road

2

1·2
주방 안쪽에 있는 셰프스 테이블입니다. 화
려하지는 않지만 정갈합니다.
ⓒOne Harbour Road

린 해산물 등 식재료를 수납한 찬장도 있습니다. 영업시간 전후로 사무 업무를 보고 있을 셰프의 뒷모습이 그려집니다. 진정한 '셰프의 테이블'로 셰프의 손님을 셰프의 사적인 공간에 초대한 것입니다. 과한 인테리어를 하지 않은 것도 사적인 공간이라는 컨셉을 해치지 않기 위함입니다.

직접 가지 않고도 주방을 엿보는 방법

원래 셰프스 테이블은 프랑스 등 서유럽에서 시작된 아이디어입니다. 홍콩에서도 대개 프렌치 레스토랑이 셰프스 테이블을 운영합니다. 프렌치 코스는 여러 메뉴가 시간을 두고 나와 식사 시간이 깁니다. 그래서 주방의 일부를 노출해 보여줌으로써 기다리는 시간을 기대하는 시간으로 만들어주자는 것이 셰프스 테이블의 기본적인 취지입니다. 완성된 요리만을 접하던 사람들에게 이를 만드는 과정을 공유함으로써 재미뿐 아니라 신뢰감도 높일 수 있습니다. 원 하버 로드도 이러한 장점을 고려해 셰프스 테이블을 운영하며 주방을 오픈했습니다. 특히 한 편의 오케스트라로 비유될 만큼 일사불란한 5성급 호텔 레스토랑의 주방을 엿볼 수 있는 기회가 흔치 않기에 다른 오픈 키친과 차별화됩니다.

그런데 프렌치와는 달리 광둥요리는 손님이 주방과 너무 가까이에 있으면 위험할 수도 있습니다. 광둥요리는 기름으로 센 불에서 빨리 볶거나 튀기는 조리 방식이 대표적이기 때문입니다. 이곳 저곳에서 화염이 치솟고 주방이 열기로 가득 차기 일쑤며 사방에 기름이 튀는 것을 막을 길이 없습니다. 여기에 딤섬 등 찜 요리도 많아 습도도 높은 편입니다. 아무리 조리 과정이 흥미롭다고 하더라도 그런 주방 안에 있으면 손님도 불편할 수 있습니다. 또, 광둥요리는 원재료 맛을 살리도록 조리 시간을 최소화하기에 요리 호흡이 빠른 편이라 근처에 사람이 있으면 요리하는 사람에게도 방해가 될 수 있습니다.

그래서 원 하버 로드의 셰프스 테이블은 주방과 떨어져 있습니다. 주방을 직접 볼 수 없지만, 주방에 카메라를 설치해 셰프스 테이블 공간 내 모니터로 주방 상황을 실시간 중계합니다. 카메라는 팬 프라잉 등 조리 과정에 재밋거리가 많은 구역을 비춥니다. 물론 손님들이 원하면 셰프가 대동해 직접 주방을 둘러보기도 하지만, 기본적으로 자리에 앉아 음식을 기다리며 모니터를 지켜보기만 하면 됩니다.

1
셰프스 테이블 한 편에 비치된 모니터로 주
방에 가지 않고도 조리 과정을 엿볼 수 있
습니다.

2
[영상] 팬 프라잉 등 조리 과정이 재미있는
라인을 비출 수 있도록 주방에 카메라를 설
치했습니다. ⓒGourmetkc

메뉴의 완성은 셰프

<셰프스 테이블>이라는 동명의 넷플릭스 다큐멘터리 시리즈가 있습니다. 흔한 먹방이나 음식 경연 프로그램과는 달리 음식을 매개로 하여 세계 각국 유명 셰프들의 인생과 철학을 조명합니다. 셰프의 식탁은 식재료와 조리법의 단순 조합으로 만들어지는 것이 아니라 결국 셰프 본인이 중심이 되어 그의 생각과 개성을 녹여내야 한다는 메시지를 담은 콘텐츠입니다. <셰프스 테이블>은 미식에 대한 남다른 관점 덕분에 미국 텔레비전 계의 최고의 상인 '에미상Emmy Award'을 수상하기도 했습니다.

원 하버 로드의 셰프스 테이블 역시 이 관점에 공감합니다. 별도의 공간, 조리 과정을 편하게 관람할 수 있는 시스템을 마련하는 것 외에도 셰프 본인의 색깔을 담기 위해 노력합니다. 원 하버 로드의 셰프스 테이블은 원 하버 로드 오픈 시점인 1989년부터 함께한 리 슈 팀Li Shu Tim 총괄 셰프가 쭉 맡아 왔고, 2017년부터는 현재 30년 경력의 찬 홍 청Chan Hong Cheong 셰프가 그 뒤를 잇고 있습니다. 이 관록 있는 셰프가 온전히 그만의 식탁을 꾸리기 위해서는 메뉴와 서비스가 달라야 합니다.

첫째, 셰프스 테이블에서는 셰프 재량으로 메뉴를 조정할 수 있습니다. 물론 셰프스 테이블만을 위한 코스 메뉴가 따로 있습니다. 하지만 무엇을 먹어야 할 지 몰라 우왕좌왕하는 손님들을 위한 기본 메뉴일 뿐 유동적입니다. 예약 손님의 기호 등을 미리 파악하여 기존 코스 메뉴를 조정하거나 메뉴를 새로 만들어 선보이기도 합니다. 보통의 경우 여러 명이 그룹을 이루어 한 테이블을 예약하기에 각기 다른 니즈를 이야기하는데, 이를 종합해 반영할 정도로 고객 친화적입니다. 심지어 아예 '서프라이즈 메뉴'를 선택할 수도 있습니다. 일식당의 오마카세와 같은 이 메뉴는 기존 메뉴에 없던 요리를 셰프가 알아서 코스로 선보이는 것입니다.

요리사가 한 명뿐인 심야식당류의 가게라면 모를까, 파인 다이닝 레스토랑에선 메뉴를 변형하기 어렵습니다. 여러 조리사의 협업으로 요리를 만들어 정해진 매뉴얼이 있어야 하거니와, 예정에 없이 섣부르게 새로운 시도를 했다가 맛이 떨어지면 높은 비용을 지불하고 오는 고객들을 실망시킬 수 있기 때문입니다. 그래서 5성급 호텔 레스토랑의 셰프들은 정작 개인기를 발휘할 일이 많지 않습니다. 그렇기에 경력 30년 이상 된 베테랑 셰프의 진짜 모습을 만날 수 있는 셰프스 테이블은 더 특별한 기회일 수 있습니다.

둘째, 셰프가 주방에서 나와 손님들을 테이블에서 밀착 케어합니다. 요리가 완성되면 셰프가 직접 테이블로 와서 메뉴를 하나씩 설명해줍니다. 서버가 단순히 레시피를 읊는 것과 달리 이 레시피를 직접 만들고 요리한 사람이기에 제대로 된 설명을 해 줄 수 있습니다. 음식이 나올 때 외에도 테이블에서 담소를 나누고 사진을 찍는 등 셰프스 테이블이 진행되는 순간에는 메인 셰프가 이 테이블과 함께합니다. 셰프스 테이블의 손님들은 조리 과정뿐 아니라 셰프와의 관계에도 비용을 지불하는 셈입니다. 이로써 셰프스 테이블이 비로소 완성됩니다.

레스토랑에 분수대를 만드는 마음

원 하버 로드 레스토랑의 시그니처는 홀 가운데 자리한 커다란 분수대입니다. 이 분수대는 1930년대 상하이의 고급 맨션이라는 분위기를 조성하는 데 일조하지만, 진짜 존재 이유는 따로 있습니다.

원 하버 로드는 글로벌 오피스가 밀집한 완차이灣仔 지역에 위치하기에 비즈니스 미팅 목적으로 찾는 고객이 많습니다. 비즈니스 미팅을 하다 보면 자연스레 민감한 이야기들이 오가는데, 이때 분수대가 업무에 관한 내용을 다른 테이블에서 우연히 듣지 않도록 도와줍니다. 꼭 밀폐된 룸에 들어가지 않고 개방된 공간을 즐기면서도 프라이버시를 지키기 위한 방법입니다. 그래서 분수대에서 물이 흐르는 소리의 크기를 세심하게 조절합니다. 대화를 방해할 만큼 너무 크지도 않으면서, 먼발치의 대화가 들리지 않을 만큼은 충분히 큰 소리를 유지합니다.

이처럼 레스토랑에 분수대를 만드는 마음에는 고객들이 무엇을 원하는지에 대한 고민이 깔려 있습니다. 조리 과정을 메뉴로 만든 것도, 모니터로 편하게 조리 과정을 볼 수 있도록 한 것 역시도 이러한 사려 깊음의 결과가 아니었을까요. 만약 유럽의 셰프스 테이블을 게으르게 벤치마킹했다면 홍콩 최고의 셰프스 테이블로 손꼽히기는 어려웠을 것입니다.

≋ 고정관념은 부수라고 있는 거야

드래프트 랜드

07

바텐더가 없는 칵테일 바

업의 핵심을 버리면 혁신이 생긴다

어두운 골목길의 커다란 철벽에는 간판도, 네온사인도 없습니다. 의미를 알 수 없는 9개의 점과 점을 잇는 반듯한 선만이 그려져 있습니다. 철벽과 문틈 사이가 만들어 낸 경계선과 여닫이문의 손잡이만이 어딘가로 들어가는 입구임을 나타냅니다. 호기심에 용기 내 손잡이를 당기면 완전히 다른 세상이 펼쳐집니다. 숨고 싶어 하는 듯한 외관과는 달리, 내부는 화려한 바텐딩 기술을 자랑하는 바텐더들과 삼삼오오 모여 칵테일을 즐기는 사람들로 시끌벅적합니다. 고풍스러우면서도 세련된 인테리어는 방문한 손님들의 술기운에 기분을 더합니다. 아는 사람들만 아는 칵테일 바, 타이베이의 'R&D 칵테일 랩R&D Cocktail Lab'입니다.

문에 그려져 있는 기호는 R&D 칵테일 랩의 로고입니다. 술의 주성분인 에탄올의 화학식인 C_2H_6O를 미니멀하게 표현한 것입니다. 암호를 대야만 들어갈 수 있었던 금주령 시절의

Draft Land   131

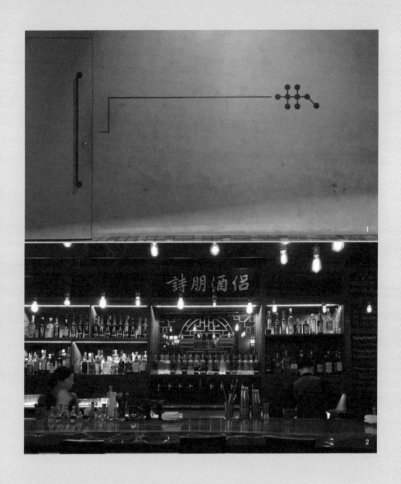

1
R&D 칵테일 랩의 외관입니다. 알고 찾지
않으면 칵테일 바인지 알아차리기 어렵습
니다.

2
숨고 싶은 듯한 외관과 달리 내부는 클래식
한 칵테일 바의 분위기가 물씬 풍깁니다.

스피크이지 바Speakeasy bar만큼은 아니어도, 적어도 암호 같은 간판의 의미를 알아야 술집임을 인지할 수 있습니다. 이 비밀스러운 술집의 또 하나의 매력은 메뉴가 없다는 점입니다. 바에 들어가 자리를 안내받으면 바텐더가 자리로 와 메뉴판을 주는 것이 아니라 좋아하는 술에 대한 취향을 묻습니다. 원하는 칵테일이 있다면 바로 주문을 해도 되고, 바텐더와의 대화를 통해 칵테일을 추천받기도 합니다. 실력이 뛰어난 R&D 칵테일 랩의 바텐더들은 클래식한 칵테일부터 R&D 칵테일 랩만의 오리지널 칵테일까지 약 200가지의 칵테일을 만들 수 있습니다. 없는 칵테일이 없는 셈입니다.

그래서 R&D 칵테일 랩에는 칵테일에 대한 취향이 명확한 마니아들이 모입니다. 칵테일 종류는 물론, 기주나 첨가물까지도 취향에 따라 고를 수 있을 뿐만 아니라 전문적인 지식을 갖춘 바텐더와 심도 있는 대화를 나눌 수도 있어 마니아들의 즐거움을 충족시켜주는 곳입니다. 그래서 R&D 칵테일 랩에서 파는 칵테일은 한 잔에 400대만달러(약 1만 6,000원)로 보통의 칵테일 바 대비 비싼 편이지만 사람들의 발걸음이 끊이지 않습니다.

이처럼 R&D 칵테일 랩은 칵테일에 대한 연구 개발을 통해 마니아들의 취향에 맞는 칵테일을 만들어 냅니다. 하지만 이곳에서의 고민과 시도는 칵테일 고수들에게 선택의 폭을 넓혀주는 반면, 칵테일에 조예가 깊지 않은 사람들에게는 선택의 고충을 늘려 줍니다. 기본적으로 칵테일은 맥주나 와인 대비 어려운 술인데, R&D를 통해 칵테일을 업그레이드하니 R&D 칵테일 랩의 문턱은 더 높아집니다.

물론 칵테일 마니아들을 위해 칵테일을 R&D 하는 것도 필요하지만, 더 많은 사람이 칵테일을 즐길 수 있도록 칵테일 바 자체를 R&D 하는 방법은 없을까요? 타이베이에는 칵테일의 개념을 혁신하고 칵테일 바의 문턱을 낮추기 위해 R&D를 하는 곳이 있습니다. 바로 '드래프트 랜드Draft Land'입니다.

칵테일 바에 R&D가 필요한 이유

드래프트 랜드를 만든 창업자 앙구스 주Angus Zou는 기존과 다른 칵테일 바를 만들기 위해 2가지의 문제의식을 가지고 고민을 시작했습니다.

첫째는 제조 방식에 대한 의문입니다. 지금이 과거와 비교했을 때 칵테일이 가장 비싼 시대이지만, 제조 방식은 여전히 과거에 머물러 있습니다. 비싼 만큼 새로운 방식을 도입해 부가가치를 높이거나 가격을 낮추기 위한 혁신을 시도해야 하는데, 그러지 못하는 것이 문제라 생각했습니다. 요리에도 조리 방식의 틀을 깨고 과학적 관점에서 음식을 해체하는 '분자 요리'가 생겨났듯이, 칵테일을 만드는 방식에도 변화가 필요하다는 것입니다. 그는 흔들고 섞는 전통적인 바텐딩 방법에서 벗어나 기술을 활용해 새로운 바텐딩을 선보인다면 칵테일의 저변을 넓힐 수 있을 거라 판단했습니다.

둘째는 고객 관점에서의 접근입니다. 그는 고객과 칵테일의 거리를 좁힐 여지가 여전히 남아 있다고 생각했습니다. 칵테일 마니아들을 제외한 대부분의 고객은 칵테일을 주문할 때 칵테일의 맛을 알고 주문하거나 새로운 칵테일에 도전하기보다는 익숙한 이름의 칵테일을 주문하는 경우가 많습니다. 애초에 칵테일을 다양하게 경험해 볼 기회가 부족하기 때문에 알고 있는 칵테일 중에 적당한 것을 선택하는 것입니다. 그래서 그는 바텐더의 관점이 아니라 고객의 관점에서 칵테일을 바라보고, 사람들이 쉽게 칵테일을 이해하고 접할 기회를 마련해야 칵테일을 마시는 문화가 정립될 수 있다고 봤습니다.

이러한 2가지의 문제의식을 바탕으로 그는 누구나 칵테일을 마시는 문화를 만들기 위해 비싸지 않은Affordable, 빠른Fast, 지속 가능한Sustainable, 양질의Quality 칵테일을 추구하며 드래프트 랜드의 문을 엽니다. 드래프트 랜드는 아시아 최초로

1·2
드래프트 랜드의 외관입니다. 간판은 작지만 매장의 한쪽 벽이 통유리로 되어 있어 지나가는 사람들도 이 곳이 칵테일 바임을 알 수 있습니다. ⓒDraft Land

3
드래프트 랜드의 입구에는 술 또는 술을 담는 그릇을 의미하는 '酉'가 쓰여 있습니다. 입구에서부터 술집으로서의 정체성을 드러내며 고객들을 반깁니다.

'탭 칵테일Tap cocktail'의 개념을 도입해 고객이 칵테일을 소비하는 일련의 과정을 혁신하면서 새로운 칵테일 문화를 제안하는 곳입니다.

R&D 결과 #1. 칵테일은 섞는 것이 아니라 계량하는 것이다

칵테일과 바텐더는 떼놓기 어려운 조합입니다. 고객이 칵테일을 주문하면 바텐더가 칵테일을 즉석에서 만들어 주는 것이 보통입니다. 하지만 드래프트 랜드에는 바텐더가 없습니다. 즉석에서 칵테일을 만들어 주는 대신, 미리 칵테일을 만들어 두는 것에서 문제 해결의 실마리를 찾습니다. 그래서 드래프트 랜드의 직원들은 스스로를 바텐더가 아닌 엔지니어로 정의하며 '즉석 제조'보다는 '정확한 계량'에 무게 중심을 둡니다. 칵테일에 들어가는 모든 재료를 계량하고, 재료를 섞는 시스템을 만들고, 일정한 비율을 유지하며, 새로운 맛을 연구하는 것입니다.

이렇게 정확한 계량을 통해 칵테일을 미리 만들어 둠으로써 기존 칵테일 바가 가지고 있던 약점들을 보완합니다. 먼저 기존의 칵테일 바에서는 같은 칵테일을 주문하더라도 바텐더의 역량이나 스타일에 따라 맛이 조금씩 다를 수 있습니다. 반면 정확하게 계량한 재료들과 높은 압력의 특수 가스를 섞어 만드는 드래프트 랜드의 칵테일은 언제 마셔도 한결같은 맛입니다. 게다가 바텐더에 대한 의존도가 낮아 바텐더별 편차를 고려하지 않아도 되니 새로운 메뉴를 쉽게 출시할 수 있고, 바텐더가 그만둬서 생기는 리스크로부터도 자유롭습니다.

바텐더가 없어지자 지점을 늘릴 때의 문제도 사라집니다. 꼭 스타 바텐더가 아니더라도, 바텐더에 의존하는 칵테일 바는 그 바의 정체성을 다른 지점에 적용하기가 쉽지 않습니다. 매장 인테리어 등으로 겉모습은 흉내 낼 수 있다 해도, 판매하는 칵테일에서 일관성을 유지하는 것이 어렵기 때문입니다. 하지만 드래프트 랜드의 경우에는 재료의 종류와 비율만 공유하면 어디에서든지 똑같은 맛의 칵테일을 만들 수 있습니다. 드래프트 랜드는 이런 장점을 활용해 적극적인 해외 진출을 추진합니다. 2018년 1월, 타이베이 1호점을 시작으로 약 1년 뒤에 홍콩에 2호점을 내었고, 조만간 도쿄와 서울에도 진출할 계획입니다.

R&D 결과 #2. 칵테일은 흔드는 것이 아니라 따르는 것이다

그렇다면 드래프트 랜드는 미리 만들어 둔 칵테일을 어떻게 고객에게 서빙할까요? 매장 이름에 힌트가 있습니다. 맥주를 큰 통에 담아 탭으로 내려 마시는 맥주를 '드래프트 맥주'라고 부르듯, 드래프트 랜드에서는 탭으로 칵테일을 내려서 서빙합니다. 맥주나 와인에 사용하던 탭을 칵테일에 적용한 것입니다. 칵테일을 셰이크Shake하지 않고 탭Tap하자, 칵테일 바의 풍경이 확연히 달라집니다.

일단 매장 공간을 효율적으로 활용할 수 있습니다. 기존의 칵테일 바처럼 각종 기주들을 매장 전면에 비치해 둘 필요가 없습니다. 적게는 수십 가지, 많게는 수백 가지에 이르는 주류들이 위치했던 자리에 칵테일이 나오는 탭만 있으면 됩니다. 미리 만들어 둔 칵테일이 들어 있는 케그Keg는 고객들의 시야에 보이지 않도록 탭 너머 주방 쪽에 배치하고, 케그의 앞부분은 메뉴판 자리로 활용합니다. 게다가 손님이 칵테일을 주문하면 미리 만들어 둔 칵테일을 탭에서 내리기만 하면 되니 칵테일을 제조하는 시간이 단축되고 서빙이 빨라집니다. 그만큼 회전율이 높아지는 효과도 생깁니다.

고객 입장에서도 장점이 있습니다. 탭으로 칵테일을 서빙하자 테이스팅이 가능해집니다. 기존의 칵테일 바에서는 고객이 칵테일을 주문하기 전에 칵테일을 맛볼 수 없었습니다. 즉석에서 샘플만큼의 칵테일을 매번 제조하기 어렵기 때문입

1·2
[영상] 드래프트 랜드에서는 고객이 칵테
일을 주문하면 탭에서 칵테일을 내려 줍
니다.

3
드래프트 랜드의 안주 메뉴판입니다. 가볍
게 마시는 칵테일을 추구하기 때문에 안주
메뉴판도 거창할 필요가 없습니다.

니다. 하지만 미리 만들어진 칵테일을 탭에서 내리기만 하면 되는 드래프트 랜드에서는 칵테일을 주문하기 전에 궁금한 칵테일들을 맛볼 수 있습니다. 칵테일의 대중화를 꿈꾸는 드래프트 랜드의 직원들은 적극적으로 테이스팅을 권유하며, 고객이 원하는 칵테일에 얼음까지 동동 띄워 내어 줍니다. 여러 종류의 칵테일을 맛보다 보면 추가로 칵테일을 주문하는 일은 자연스러운 결과입니다. 무료로 내어 주는 칵테일 한 모금이 칵테일 한 잔의 매출이 되어 돌아옵니다.

R&D 결과 #3. 칵테일은 마니아가 아니라 모두를 위한 것이다

미리 만들어 둔 칵테일을 탭으로 서빙해 칵테일에 대한 문턱을 낮추자, 드래프트 랜드에는 기존 칵테일 바들이 놓치고 있던 고객군이 모여듭니다. 새로운 칵테일을 시도하는 것이 부담스러웠거나 칵테일을 잘 몰라 칵테일 바를 방문하지 않았던 고객들입니다. 드래프트 랜드는 주문 과정에서도 초보자들의 편의를 배려하며 바에 가는 것이 익숙하지 않던 사람들을 고객으로 만듭니다. 드래프트 랜드의 각 칵테일에는 숫자가 붙어 있는데, 이는 복잡한 칵테일 이름을 외우지 못하는 초보자들을 위한 장치입니다. 칵테일을 주문할 때 이름이 아닌

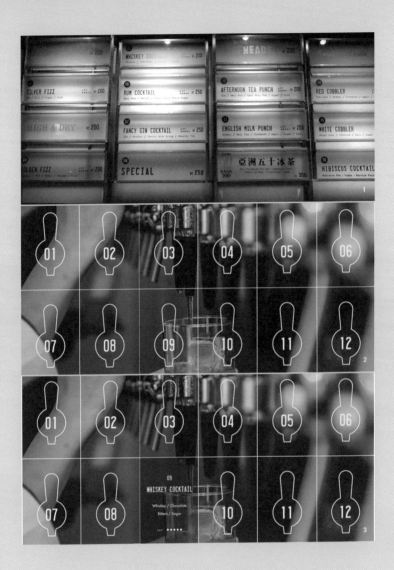

1
드래프트 랜드의 칵테일 메뉴판입니다. 상시 판매하는 칵테일에는 숫자가 붙어 있습니다.

2·3
웹페이지 상의 메뉴판입니다. 숫자가 칵테일 이름을 대신하고, 번호에 커서를 올려야 칵테일의 이름과 재료를 볼 수 있습니다.

ⓒDraft Land

번호로 주문이 가능하고, 자신이 마셨던 칵테일 이름을 기억하지 못하더라도 숫자만 기억하면 다시 주문할 수 있기에 불편함이 없습니다.

또한 드래프트 랜드의 좌석 구성에는 특징이 하나 있습니다. 자리의 절반 이상이 서서 마시는 자리라는 점입니다. 벽과 창가 쪽에 서서 마시는 자리를 마련해 두고, 공간 중앙에 2~3인용의 작은 원형 테이블 3개를 비치해 두었습니다. 좌석 구성에서 보통의 칵테일 바와 확연한 차이가 있는 것입니다. 이처럼 1인 고객 친화적인 서서 마시는 자리가 매장의 대부분이다 보니, 자연스럽게 1인 고객들이 늘어납니다. 기존 칵테일 바들의 주요 고객층이 아니었던 고객들을 타깃하겠다는 의지가 엿보이는 대목입니다.

드래프트 랜드가 1인 고객에 눈을 돌린 것은 단순히 1인 가구가 늘어나는 추세를 따른 것이 아닙니다. 칵테일을 마시는 상황을 늘리기 위한 것입니다. 술은 여럿이도 마시지만, 혼자서도 마십니다. 그런데 칵테일은 혼자 마시는 경우가 드뭅니다. 칵테일 바 또한 데이트하거나 모임을 할 때 주로 찾는 장소입니다. 하지만 서서 마시는 자리가 절반 이상인 드래프트 랜드에서는 혼자 칵테일을 마시는 고객들도 주인공이 될 수 있습니다. 이러한 드래프트 랜드의 자리 구성 덕분에 칵테일

1·2
드래프트 랜드의 매장에는 벽이나 창가에
서서 마시는 자리를 마련해 퇴근길에 가볍
게 칵테일을 한 잔 마시고 가는 1인 고객을
배려했습니다.

도 혼자 가볍게 마실 수 있는 술로 거듭납니다.

드래프트 랜드는 가격으로 한 번 더 칵테일에 대한 문턱을 낮춥니다. 칵테일 한 잔당 200~250대만달러(약 8,000~1만 원) 정도로, 비슷한 수준의 다른 칵테일 바의 3분의 2 정도 되는 가격입니다. 영업시간 동안 고객을 응대하는 바텐더를 고용하지 않아 줄어든 인건비를 가격에 반영한 결과입니다. 물론 드래프트 랜드에서도 계산을 하고 탭에서 칵테일을 내려줄 인력이 필요합니다. 하지만 전문 기술이 필요 없기에 바텐더를 고용하는 것보다 비용이 적게 듭니다. 사전 제조로 비용을 줄이고 가격을 내리자, 비싼 가격 때문에 칵테일을 마시지 않던 잠재 고객들도 고객이 됩니다.

바텐더의 틀을 깬 바텐더

칵테일 바의 틀을 깬 칵테일 바인 드래프트 랜드는 칵테일에 대한 문제의식에서 출발했습니다. 그렇다면 드래프트 랜드를 만든 앙구스 주는 어떻게 이런 문제의식을 포착하고, 비즈니스 기회로 만들어 냈을까요? 바텐더가 없는 바를 만든 앙구스 주는 역설적이게도 대만 칵테일 계의 대부라 불리는 바텐더입니다. 그는 명성 있는 세계 바텐딩 대회에서 수차례 수상하고, 해외의 유명한 바들로부터 게스트 바텐더로 초청받을 정도로 실력이 있습니다. 게다가 2012년에 앙구스 주가 오픈한 타이베이의 스피크이지 바 '알케미Alchemy'는 오픈한지 얼마 되지 않아 아시아 최고의 바 상위 15위 안에 들기도 했습니다.

앙구스 주는 알케미를 세계적으로 인정받는 탑 클래스에 올려둔 후, 2016년에 홀연히 바를 떠납니다. 바를 떠난 이후, 앙구스 주가 향한 곳은 바가 아닌 레스토랑입니다. 세계적인 스페인 레스토랑 '엘 셀러 드 칸 로카El Celler de Can Roca'의 유명 셰프와 협업할 기회를 가졌던 앙구스 주는 셰프와 그의 팀이 요리에 대한 정보를 얻고, 과거의 경험을 활용하고, 관례를 바꾸는 과정을 지켜보게 됩니다. 이때 앙구스 주는 바텐더로서 스스로를 되돌아보며 바텐더의 관점으로만 칵테일을 바라보던 틀을 깨야겠다고 결심합니다.

칵테일을 만드는 사람이 아닌 칵테일을 마시는 사람으로 관점을 바꾸자 이전에는 보이지 않던 개선점들이 보이기 시작합니다. 대부분의 사람이 거창할 것 없이 합리적 가격에 양질의 칵테일을 마시고 싶어 하는 반면, 칵테일 바들은 화려함을 추구하며 그만큼 더 비싼 칵테일을 만들고 있었습니다. 이런 괴리를 해소하기 위해 구상한 것이 바로 드래프트 랜드입니다.

드래프트 랜드는 고객 친화적 마인드를 바탕으로 칵테일을 민주화하는 곳입니다. 그래서 더 빠르게 칵테일을 서빙하고 더 쉽게 칵테일을 접할 공간을 제공하여 더 많은 사람이 양질의 칵테일을 즐길 수 있게 만드는 것이 목표입니다. 이를 통해 칵테일이 특별한 술이 아닌 일상적 술이 되기를 바랍니다. 드래프트 랜드가 증명했듯, 스스로의 틀을 깨고 나올 수 있다면 업계가 진화합니다.

테이스트 키친 08

신장개업을 달마다 하는 레스토랑

임대업과 컨설팅업은 종이 한 장 차이

각국을 대표하는 외식업체를 찾는 가장 쉬운 방법은 무엇일까요? 스타벅스를 누가 들여왔는지 살펴보면 됩니다. 한국에는 신세계가, 일본에는 사자비 리그The SAZABY LEAGUE가, 중국 남부에는 막심스Maxim's가 스타벅스를 들여왔는데 모두 업계 1~2위를 다투는 거물급이거나 외식 업계 트렌드를 선도하는 곳들입니다. 이 중에서도 막심스에 주목해볼 필요가 있습니다. 스타벅스는 보통의 경우 현지 파트너를 선정해 해외로 진출하는데, 막심스와는 중국 남부뿐만 아니라 다른 나라에서도 파트너십 제휴를 맺었기 때문입니다. 일찍이 막심스는 홍콩에 스타벅스를 성공적으로 런칭한 공로를 인정받아 싱가포르, 마카오, 베트남, 캄보디아 등에서도 스타벅스의 해외 진출을 진두지휘했습니다. 글로벌 브랜드를 현지에 안착시키는 재주가 있기에 가능한 일입니다.

스타벅스뿐만이 아닙니다. 막심스는 쉐이크쉑Shake Shack,

치즈케이크 팩토리The Cheesecake Factory, 잇푸도一風堂 등 이름난 글로벌 브랜드들을 홍콩에 들여왔습니다. 이외에도 제이드 가든Jade Garden, 페킹 가든Peking Garden, 심플리라이프Simplylife 등 자체적으로 개발하거나 인수한 외식 브랜드가 70여 가지로 총 1,300여 개의 매장을 운영 중입니다. 여기에 11개 공항에 케이터링 서비스를 제공하고 있다고 하니 가히 레스토랑 제국이라 부를 만합니다.

막심스는 1956년에 설립된 전통의 강호입니다. 하지만 단순히 오래되었다고 푸드 캐피털 홍콩에서 외식업계의 왕좌를 거머쥔 것은 아닙니다. 막심스에게도 위기가 있었는데, 이를 슬기롭게 극복한 덕분입니다. 막심스는 원래 레스토랑 이름이었습니다. 전통 중국요리를 서양식 서비스로 제공했지만, 1990년대 들어 이 컨셉의 인기가 시들해졌습니다. 그래서 '전 세계의 다양한 음식을 현지에서 먹는 것과 같은 맛과 서비스로 제공한다'로 방향성을 다시 세우고, 이후 출시하는 브랜드에서 과감히 '막심스'를 뗐습니다. 이어 일식, 베트남식, 태국식 등으로 음식의 국적을 다양화하고, 해외 브랜드를 들여오고, 직접 해외로 진출하는 등 막심스 제국의 국경을 확장했습니다. 이렇게 체질 개선을 하다보니 현재는 새롭게 런칭한 비非막심스 브랜드의 매출이 전체 매출의 절반을 차지합니다.

재정립한 방향성이 자리를 잡은 것입니다.

막심스만큼의 제국적 레스토랑 그룹은 아니지만 참신한 방식으로 자신만의 영역을 넓혀가고 있는 홍콩의 레스토랑 그룹이 있습니다. '트윈스 키친Twins Kitchen'입니다. 직영 매장은 5개뿐이지만 음식 종류와 운영 방식이 제각각인 수십 여개 매장이 트윈스 키친의 영향력 하에 있습니다. 그중에서도 트윈스 키친의 영향권을 넓히는 데 크게 일조하고 있는 레스토랑이 바로 '테이스트 키친Taste Kitchen'입니다.

'실험'하는 레스토랑

홍콩은 늘 새로움을 탐닉합니다. 어지간한 핫플레이스도 몇 달 반짝 붐비다가 이내 관심 밖으로 밀려납니다. 이런 현상은 소셜 미디어, 특히 인스타그램의 발달로 더 가속화되었습니다. 레스토랑의 생명이 점점 짧아지고 있는 상황에서 테이스트 키친은 매달 새롭게 다시 태어납니다. 상시 팝업 레스토랑이기 때문입니다. 테이스트 키친에서는 매달 새로운 셰프, 다이닝 컨셉, 메뉴를 선보입니다. 2017년 12월에 오픈한 이후 2019년 8월까지 타이, 프렌치, 비건, 디저트 등 17개의 서로 다른 레스토랑을 열었습니다.

1·2
테이스트 키친 내부 전경입니다. 와인 라벨
디자인을 모아둔 '와인 라벨 라이브러리'
컨셉으로 인테리어를 꾸몄습니다.

3·4

광둥식 프렌치를 주력으로 하는 루츠 이터리가 새롭게 지중해식 메뉴를 선보였던 8번째 팝업입니다.

상시 팝업 레스토랑이라고 해서 백화점의 식품관처럼 지금 홍콩에서 가장 핫한 레스토랑을 발빠르게 선보이는 것은 아닙니다. 단순히 유행을 선도하려는 목적으로 팝업이라는 방식을 도입한 것이 아니기 때문입니다. 홍콩 최초의 레스토랑 인큐베이터인 테이스트 키친은 현재가 아닌 미래에 뜨거워질 가능성을 기준으로 대상을 선정해 젊고 전도유망한 셰프와 레스토랑 브랜드에 기회를 주고자 합니다. 이 기회의 장에 다양한 메뉴만큼이나 갖가지 사연을 가진 레스토랑이 참여합니다. 신인 셰프가 데뷔 무대로 활용하는 것이 가장 일반적입니다. 10여 년간 호주 시드니에서 파티쉐이자 파인 다이닝 디저트 셰프로 경력을 쌓았지만 홍콩에서는 신인에 가까웠던 클레어 킴Claire Kim은 테이스트 키친에서 팝업을 열어 '끌레르 드 루네Claire de lune'라는 브랜드를 런칭했습니다.

심지어 직업 셰프가 아닌 맛집 파워 블로거 개리 수엔Gary Suen이 4일간 짧게 팝업을 연 적도 있습니다. '지망생 시리즈Aspirant Series'로 이름 붙인 이 팝업에서 개리는 실험적이고 참신한 레시피를 선보였고, 블로그의 인기만큼이나 4일 내내 손님들의 발걸음이 끊이지 않았습니다.

이미 자체 매장을 성공적으로 운영하고 있거나 유명 레스토랑의 메인 셰프이지만, 새로운 브랜드나 메뉴를 테스트

하고자 할 때도 테이스트 키친을 활용합니다. 테이트^{Tate}, 하우드 암즈^{Harwood Arms} 등 미쉐린 스타 레스토랑의 셰프 윙고 헝 Wingo Hung은 홍콩에서 난 로컬 식재료로 만든 요리를 선보이는 '+852 - What can our land offer?'라는 팝업을 진행했습니다. 또, 광둥식 프렌치를 전문으로 하는 루츠 이터리^{Roots Eatery}의 셰프 스테파니 웡^{Stephanie Wong}은 지중해 여행에서 받은 영감을 바탕으로 지중해식 코스 요리를 테이스트 키친에서 선보였습니다. 물론 루츠 이터리 매장에서 소개할 수도 있지만, 광둥식 프렌치 메뉴와 다른 메뉴를 선보일 경우 고객들에게 혼선을 줄 수 있어 지중해식 코스를 전면에 내세우기는 어렵습니다. 테이스트 키친에서는 루츠 이터리의 기존 메뉴를 섞지 않고 온전히 신메뉴만을 테스트하는 데 집중할 수 있습니다.

한편, 미국식 버팔로 윙, 광둥식 간장 소스 닭날개 등 닭날개 요리를 전문으로 하는 윙맨^{Wingman}의 참여 동기에도 고개가 끄덕여집니다. 원래 배달만 하는 곳이었지만 향후 매장을 오픈했을 때의 반응에 대한 감을 잡기 위해 테이스트 키친에서 팝업을 열었습니다. 팝업 오픈을 계기로 배달에 최적화되어있던 메뉴를 개선하고, 매장 운영도 실제로 해보며 오프라인 진출의 가능성을 타진해봅니다.

'실행'하는 컨설팅

이런저런 계기로 테이스트 키친에 참여하는 셰프에게 가장 큰 혜택은 단연 공간입니다. 임대료가 비싸 집의 주방을 최소화해 외식문화가 발달했다는 설이 있을 만큼 홍콩의 임대료는 살인적입니다. 기업용 부동산 전문 기관 쿠시먼 & 웨이크필드Cushman & Wakefield의 조사에 따르면 홍콩의 대표적 상가 지역인 코즈웨이 베이Causeway Bay의 1년 임대료는 1m²당 2만 8,751달러(약 3,450만 원)로 10평이면 10억 원이 넘습니다. 이런 홍콩에서 주방 시설을 갖춘 30여 석의 공간을 내어주는 것 자체가 첫 걸음 떼기조차 어렵던 신인들에게 계기를 만들어 줍니다.

게다가 테이스트 키친은 접근성 역시 탁월합니다. 테이스트 키친은 시내 한복판인 소호 지역의 PMQ라는 몰 안에 위치합니다. PMQ는 본래 기혼 경찰 숙소로 쓰이던 건물을 디자인 문화 공간으로 탈바꿈시킨 공간인데, 디자인 스튜디오, 디자인 숍, 전시장, 식음료 매장과 쿠킹 스튜디오 등으로 구성되어 있어 연간 500만 명이 드나드는 문화 허브입니다. 셰프, 메뉴, 브랜드가 주목받기에 더할 나위 없는 환경입니다. 물론 공짜는 아닙니다. 테이스트 키친 참여 레스토랑은 해당 기간 매출의 20%를 수수료로 냅니다. 하지만 대규모의 고정비를 선지출하는 것에서 적정 규모의 변동비를 사후 지출하는 방식으로 전환하는 것만으로도 부담이 확 줄어듭니다.

공간도 중요하지만, 테이스트 키친이 차별화되는 지점은 다른 데 있습니다. 바로 컨설팅입니다. 매장 운영, 음식 조리, 브랜딩 등 레스토랑 운영 전반에 대한 컨설팅 서비스를 제공합니다. 앞서 이야기한 윙맨의 경우, 모트 32$^{MOTT\,32}$, 팔레 드 신$^{Palais\ de\ Chine}$ 등 18개의 외식 브랜드를 운영하며 홍콩의 외식 트렌드를 이끄는 레스토랑 그룹 막시멀 컨셉$^{Maximal\ Concepts}$의 수석 셰프 러셀 독트로브$^{Russel\ Doctrove}$가 멘토링을 했습니다. 배달 중심으로 운영해 가짓수가 많던 메뉴를 오프라인 매장에 적합하도록 정제하고, 신규 메뉴 개발을 위해 디테일한 요리법을 알려주고, 효율적인 주방 동선을 설계해주는 등 구체적인 조언을 합니다. 테이스트 키친에 참여하는 레스토랑의 경우 핵심 조리 인력 중심인 경우가 많기에 필요 시 노련한 스태프들을 붙여주어 안정적으로 홀과 주방을 운영할 수 있도록 돕습니다. 물론 비용은 별도이지만, 그간 이런 인력을 써본 적이 없어 어디에서 어떻게 어떤 사람을 구해야 할지 막막한 이들에게는 큰 고민거리를 덜어주는 셈입니다.

이 컨설팅 역량이 하루아침에 생긴 것은 아닙니다. 테이

1
테이스트 키친이 위치한 PMQ의 전경입니다. 문화 허브로 기능하는 공간이라 접근성이 높습니다.

2·3
트윈스 키친이 컨설팅을 제공한 매장입니다. ©Twins Kitchen

스트 키친을 운영하는 트윈스 키친은 회사명에서 유추할 수 있듯 쌍둥이 형제 칼렙 응Caleb Ng과 조슈아 응Joshua Ng이 2011년에 설립한 F&BFood & Beverage 컨설팅 업체입니다. 이미 홍콩 곳곳의 11개 매장에 인테리어 디자인, 브랜드 아이덴티티, 메뉴 기획, 매장 운영 등에 관한 컨설팅을 제공하며 외식 컨설팅 에이전시로서 브랜드를 쌓아왔습니다. 빈티지한 느낌의 커피 바 카사 카프리즈Casa Capriz, 모던한 분위기의 팬케이크 전문점 스택Stack, 50년대 상하이 웨스턴 스타일을 구현한 상하이 음식 전문점 휘트필드 키친Wheatfield Kitchen 등 메뉴도, 스타일도 다양합니다. 매장뿐 아니라 유서깊은 주방용품 르 크루제Le Creuset의 90주년 캠페인, 안젤레노Angeleno라는 와인 브랜드의 제품 디자인도 컨설팅하는 전천후 에이전시입니다. 내로라하는 멘토 네트워크를 갖춘 것도 10년 가까이 평판을 쌓은 덕입니다.

트윈스 키친식 컨설팅의 강점은 현실감입니다. 종종 컨설팅이 현실적 제약을 고려하지 못하거나 실행 시 세부적인 사항을 짚어주지 못해 공중에 붕 뜬 조언에 그치는 경우가 있는데, 트윈스 키친의 컨설팅은 철저하게 발이 땅에 닿아 있습니다. 비결은 두 가지입니다. 첫째는 테스트 키친입니다. 테이스트 키친의 전신이기도 한 테스트 키친은 클라이언트가 실제 매장 오픈 전에 시뮬레이션해볼 수 있는 공간이자 시스템입니다. 트윈스 키친의 고객들은 테스트 키친을 통해 보다 구체적인 피드백을 받고 이를 바로 적용해봄으로써 음식과 서비스의 질을 끌어올릴 수 있습니다. 두 번째는 직영 매장입니다. 카페, 레스토랑, 리테일 공간 등 트윈스 키친은 직접 매장을 운영하고 있습니다. 그렇기에 실제 매장 운영자의 눈높이에서 실용적인 조언을 해줄 수 있는 것입니다.

'연결'하는 음식

테이스트 키친으로 17개, 컨설팅으로 11개, 테이스트 키친 외 직영으로 4개 등 총 32개 F&B 브랜드의 산파 역할을 한 트윈스 키친. 그 흔한 2호점 하나 없고, 기존 브랜드의 인수도 없이 하나하나 새롭게 일궈가는 것을 보니 막심스와 같은 규모의 경제 모델은 아닌 듯합니다. 그렇다면 트윈스 키친이 추구하는 것은 무엇일까요? 트윈스 키친의 지향점을 이해하기 위해 직영 매장 몇 곳을 더 살펴보겠습니다.

먼저 테이스트 키친과 비슷한 시기에 런칭한 팝업 리테일 공간 '프리셋Preset'입니다. 트윈스 키친의 표현에 따르면 프리셋은 '모든 아이디어가 빛날 수 있는 무대A stage for every idea to shine'입니다. 테이스트 키친이 매번 셰프, 메뉴, 컨셉을 바꾸되 레스토랑이라는 업종은 유지했다면, 프리셋은 업종 또한 열려 있습니다. 커피, 아이스크림, 위스키 등 식음료부터 스포츠용품, 뷰티 용품, 문구류, 패션, 책 등 온갖 카테고리를 총망라합니다. 제품이나 브랜드뿐 아니라 전시나 프라이빗 이벤트로도 활용하며 2018년에만 50개 이상의 팝업을 쉴 새 없이 열었습니다. F&B 전문인 트윈스 키친답게 프리셋 옆에 '인터벌Interval'이라는 카페와 바도 함께 운영하고, 필요시 케이터링 서비스도 지원합니다. 테이스트 키친이 있는 PMQ보다 더 많은 유동인구를 자랑하는 센트럴 지역 대로변에 위치한데다 매번 다른 주제의 팝업으로 새로운 방문객이 유입되기에 늘 북적거리며 생기가 도는 공간입니다.

다음은 2013년에 연 카페 '커먼 그라운드Common Ground'입니다. 번화가에 위치한 테이스트 키친이나 프리셋과는 달리 조용한 뒷골목에 있습니다. 음식을 매개로 인근의 커뮤니티와 교감하고 소통하는 사회적 허브를 지향합니다. 이를테면 카페 안에 홍콩 신진 디자이너의 패션 아이템을 만날 수 있는 코너를 만들어 홍콩의 창작자들과 소비자들을 연결합니다. 커먼 그라운드의 시그니처인 너른 앞마당은 브랜드의 팝업 스토어로 운영되기도 합니다. 탐스TOMS, 마리메꼬Marimekko, 라파Ra-

1·2
어떤 팝업이 열리느냐에 따라 전경이 바뀌
는 프리셋입니다. ⓒTwins Kitchen

3

3
프리셋에는 고객이 시간을 편히 보내다 갈
수 있도록 카페와 바를 겸하는 공간을 마련
했으며, 이 공간을 팝업 공간으로 확장해
쓰기도 합니다.

1
사람들이 모이기 좋은 소박한 느낌의 카페
커먼 그라운드입니다. ⓒTwins Kitchen

2
덴마크 코펜하겐에서 홍콩의 바이브를 뽐
내고 있는 가오 덤플링 바입니다.
ⓒGao Dumpling Bar

ᵖʰᵃ 등과 진행했고 팝업 기간 동안에는 브랜드와 어울리는 케이터링 서비스도 함께 선보입니다. 앞마당이지만 통행로와 교차하기에 사람들이 편하게 드나들 수 있습니다. 또한 정기적으로 세계의 다양한 식재료와 메뉴를 소개하기도 합니다. 말하자면 커먼 그라운드는 트윈스 키친만의 테스트 키친인 셈입니다. 커먼 그라운드에서의 시도들이 테이스트 키친, 프리셋 등 어엿한 독립 매장으로 발전하는 씨앗의 역할을 합니다.

"음식, 도시, 그리고 사람들을 연결합니다."
(Connecting food, city, and people.)

트윈스 키친의 미션입니다. 이 미션의 맥락 하에서 트윈스 키친이 운영하는 플랫폼 성격의 매장들을 한 데 엮어 이해할 수 있습니다. 트윈스 키친은 음식이라는 연결고리를 통해 서로 다른 문화를 가진 사람들이 자연스럽게 상호작용하고, 그 결과 도시에 긍정적인 활력이 생길 수 있다고 생각합니다. 트윈스 키친이 끝없이 새로움을 추구하고 더 다양한 사람들과 관계할 수 있도록 계속해서 플랫폼을 만드는 이유입니다. 테이스트 키친, 프리셋, 커먼 그라운드 외 또 다른 2개의 직영 매장인 덤플링 바 '가오ᴳᵃᵒ'와 건강식 전문점 '아틀라스 키친Atlas Kitchen'이 각각 덴마크 코펜하겐과 중국 광저우에 있는 것도 그 일환입니다. 두 곳 모두 캐주얼한 홍콩식 요리를 선보이는데, 이 음식을 매개로 홍콩과 코펜하겐, 홍콩과 광저우가 연결됩니다. 테이스트 키친을 거쳐 갔던 셰프들의 출신이 한국, 일본, 중국, 이집트, 터키 등 유난히 다양했던 건 우연이 아닙니다.

아이가 어른이 되기까지

다시 테이스트 키친으로 돌아와서, 테이스트 키친을 통해 세상 밖에 나온 이들은 이후에 세상과 잘 연결되었을까요? 혹시 새로운 것을 선보이는 데 그친 것은 아닐까요? 다행히 홍콩 외식업계라는 험한 바다를 헤쳐나가며 무럭무럭 성장하고 있습니다.

와규 샌드위치 전문점인 산도 바Sando Bā의 푸드 메뉴는 이제 커피 마니아의 성지 오모테산도 커피Omotesando Koffee에서 만나볼 수 있습니다. 사워도우를 기반으로 남아공 케이프타운 스타일 요리를 선보였던 자히르 무함마드Zahir Mohamed는 베이크드Baked라는 매장을 오픈했습니다. 또, 오프라인 공간이 없던 것은 아니지만 공유 주방을 전전하던 루츠 이터리도 독립 매장을 내며 자리를 잡았습니다. 그리고 팝업과 동시에 끌레르 드 루네 브랜드를 런칭했던 셰프 클레어 킴도 커먼 그라운드의 게스트 셰프로 함께하기도 하고, 트윈스 키친의 창업자와 함께 외식 관련 간담회 자리에 패널로 참석하는 등 브랜드를 쌓아가고 있습니다. 프리셋, 커먼 그라운드 등 트윈스 키친의 다른 직영 매장에서도 테이스트 키친 출신 레스토랑들의 소식을 공유하고 이따금 이들을 초대해 새로운 프로젝트를 런칭하는 등 연대를 이어가는 중입니다.

다 자란 어른들만 있는 것보다는 어린아이들이 함께 있는 사회에서 더 희망적이고 열린 결말을 기대할 수 있는 법입니다. 자칫 막심스와 같은 자본형 레스토랑 그룹이 독식하며 지루해질 뻔한 홍콩 외식업계의 풍경이, 트윈스 키친 덕분에 조금 더 다채롭고 풍성해졌습니다. 트윈스 키친이 규모를 키우는 데 집중하지 않는 것도 어른과 아이의 사이 어딘가에 남아 있기 위해서가 아닐까요.

베리 브로스 앤 러드 09

마시지 않을 와인을 파는 와인 매장
업을 재정의하면 고객층이 달라진다

런던에서는 와인 애호가들이라면 귀가 솔깃할 만한 '런던 와인 위크London Wine Week'가 매해 열립니다. 런던에서 손꼽히는 130여 개의 와인바들이 한데 모여 일주일간 팝업 스토어를 엽니다. 페스티벌 참가자들은 10파운드(약 1만 5,000원)에 입장권을 살 수 있으며, 5파운드(약 7,500원)를 추가로 내면 팝업 스토어가 추천하는 와인 3가지로 구성된 테이스팅 세트를 즐길 수 있습니다. 안주 페어링에 자신 있는 곳들은 와인과 최상의 궁합을 자랑하는 안주를 판매하기도 합니다. 또한 가게별로 파티, 시음회, 마스터 클래스 등 다양한 이벤트를 열어 참가자들의 재미를 끌어올립니다.

런던 와인 위크는 참여하는 주체 모두가 혜택을 얻습니다. 가게 입장에서는 런던 와인 위크에 참가했다는 사실이 훈장처럼 작용하여 사람들 사이에 공신력을 갖습니다. 참가하고 싶은 모든 와인 바가 참여할 수 있는 것이 아니라, 주최 측에서 선별하기 때문입니다. 특히나 와인 애호가들이 모이는 자리에 매장을 노출할 수 있는 절호의 기회이자, 가게의 새로운 와인을 선보일 수 있는 무대가 되기도 합니다. 또한 방문객이 누리는 편익도 분명합니다. 와인 한 병의 가격은 저렴한 와인이라도 20파운드(약 3만 원) 이상입니다. 그런데 런던 와인 위크에서는 각 가게에서 자부심을 갖고 추천하는 테이스팅 세트를 5파운드(약 7,500원)에 판매합니다. 테이스팅 세트는 와인 반병 정도의 양인 3잔으로 구성되어 있으니 좋은 와인을 가성비 있게 즐길 수 있고, 많이 마실수록 이득이 커지는 셈입니다.

이런 런던 와인 위크를 기획한 회사는 '드링크업 런던 DrinkUp.London'입니다. 자신을 '무엇을 어디에서 마실지 아는 프로페셔널한 올빼미'라고 소개하는 드링크업 런던은 런던의 바와 주류 관련 이벤트를 소개하는 웹사이트로 시작했습니다. 그들은 그동안 쌓아온 런던 바에 대한 데이터를 바탕으로, 2010년에 '런던 칵테일 위크London Cocktail Week'를 열었습니다. 이후 런던 와인 위크와 '런던 비어 위크London Beer Week'까지 주최하며 런던의 주류 산업을 들썩이게 만듭니다. 지금까지 15만 명 이상의 방문객들이 드링크업 런던의 축제를 다녀갔고, 축제 티켓만으로 2백만 파운드(약 30억 원) 이상의 매출을 기록했습니다. 런던 시내에 흩어져 있는 우수한 바들을 한자리에

모아, 그들이 제공하는 다양한 주류를 저렴한 가격에 즐길 수 있다는 혜택이 애주가들을 한자리에 모았고, 유의미한 경제 효과를 만들어 냈습니다.

드링크업 런던이 와인을 매개로 모두가 원원Win-win하는 런던 와인 위크를 주최한다면, 와인을 매개로 시간과의 원원을 시도하는 곳도 있습니다. 런던의 와인 매장 '베리 브로스 앤 러드Berry Bros. & Rudd'입니다. 1698년에 오픈한 베리 브로스 앤 러드는 런던에서 가장 오래된 와인 상점이지만 영화 <킹스맨: 골든 서클Kingsman: The Golden Circle>에도 등장할 만큼 힙합니다. 이처럼 베리 브로스 앤 러드가 역사와 전통을 자랑하면서도 시대에 뒤처지지 않을 수 있는 건 와인을 시간과 연결하면서 새롭게 바라보았기에 가능한 일입니다.

저장할 공간을 팝니다

와인은 현재의 가치를 높이는 술입니다. 식사할 때 와인 한 잔이 곁들여지면, 분위기와 기분이 달라집니다. 그러면서도 동시에 와인은 미래의 가치를 가지고 있는 술이기도 합니다. 고급 와인의 경우 숙성될수록 맛이 좋아지고, 희소성의 가치를 갖습니다. 그래서 시간이 지날수록 가격이 올라가는 경향이

1
베리 브로스 앤 러드의 매장은 오래된 역사
만큼이나 고풍스러운 외관을 자랑합니다.

있습니다. 그렇다고 와인을 사서 그냥 보관해둔다고 가치가 오르는 건 아닙니다. 와인은 민감한 술이기 때문에 보관을 제대로 하지 않으면 맛이 떨어집니다.

와인을 보관할 때 맛에 영향을 미치는 요소는 온도, 습도, 빛, 냄새, 심지어 진동 등 다양합니다. 온도는 10~14도가 가장 이상적인데, 그보다 낮은 온도에서는 숙성이 멈추고 그 이상의 높은 온도에서는 조로한 와인이 되어 버립니다. 또한 70~80%의 습도에서 보관해야 하며, 습도가 낮으면 코르크가 말라 산소가 과하게 유입되고 반대의 경우에는 곰팡이가 생깁니다. 그뿐 아니라 직사광선은 와인의 산화를 촉진하고, 강한 냄새는 와인의 향에 부정적인 영향을 끼치며, 진동은 와인의 노화를 앞당깁니다. 이쯤 되면 일반 가정에서 와인을 최상의 조건에서 보관하는 것은 불가능한 미션에 가까워 보입니다. 물론 와인 보관에 적합한 와인 셀러를 구매할 수도 있지만, 와인을 보관하는 전문적인 방식을 온전히 구현하기는 어렵습니다.

그래서 베리 브로스 앤 러드에서는 와인의 현재가 아니라 미래의 가치를 보고 구매하는 고객들을 위해 그들이 보유한 와인 저장고를 고객들에게 대여해 줍니다. 매장 내 작은 규모의 와인 저장고가 아니라 최첨단 시설과 온도 조절 장치가

1
[영상] 베리 브로스 앤 러드는 자체적으로 보
유한 와인 저장고에 고객의 와인을 최상의
상태로 보관합니다.
ⓒBerry Bros. & Rudd

2
베리 브로스 앤 러드는 셀러 플랜 고객을 대
상으로 프라이빗한 다이닝 이벤트를 진행
하기도 합니다. ⓒBerry Bros. & Rudd

있는 거대한 와인 저장고입니다. 이 와인 저장고는 런던에서 약 1시간 정도 떨어져 있는 베이싱스토크^{Basingstoke}에 위치해 있고, 전 세계에서 가장 많은 수준인 약 9백만 병의 와인을 보관하고 있습니다. 베리 브로스 앤 러드의 전체 고객 중 70%가 이용할 정도입니다. 베리 브로스 앤 러드는 수백 년에 걸쳐 쌓아온 와인 저장 노하우와 최첨단 기술을 결합하여 고객들이 맡긴 와인을 최상의 컨디션으로 숙성시킵니다.

베리 브로스 앤 러드는 이 와인 저장고 대여 서비스를 별도의 서비스로도 제공하고 있지만, 와인 정기 구매와 결합해서 판매하기도 합니다. '셀러 플랜^{Cellar Plan}'은 매달 일정 금액 이상의 와인을 구매하고, 그 와인을 와인 저장고에 보관해 주는 서비스입니다. 셀러 플랜을 신청하면 고객에게 전담 매니저가 배정됩니다. 고객은 와인 선택을 위임할 수도 있고 조언을 듣고 자신만의 포트폴리오를 만들 수도 있습니다. 별도의 자문 수수료는 발생하지 않고, 셀러 플랜을 위해 지불한 돈은 오로지 와인 구매에만 사용됩니다. 와인 전문가의 도움을 받아 현재에 마시지 않을 와인을 정기적으로 구매하면서 와인의 미래 가치에 투자하는 것입니다. 대상이 주식이 아니라 와인일 뿐, 적립식 펀드와 유사한 개념이라고 볼 수 있습니다. 와인 매장에서 금융 상품을 파는 셈입니다.

미래의 가치를 팝니다

시간이 흘러 와인의 미래 가치가 높아진다고 해도, 되팔 방법이 없으면 소용이 없습니다. 물론 와인을 숙성시켜 두었다가 더 맛있게 마시려는 수요도 있겠지만, 대부분의 고객은 투자하거나 상속하려는 목적으로 와인 셀러를 이용합니다. 그렇기 때문에 와인의 가치가 높아졌을 때 팔 수 있는 시장이 있어야 미래를 보고 와인에 투자하는 고객들의 니즈를 충족시켜줄 수 있습니다.

베리 브로스 앤 러드는 이러한 고객의 니즈를 외면하지 않습니다. 그래서 2010년 자체 와인 거래 플랫폼인 'BBX^{Berrys'} Broking Exchange'를 오픈합니다. BBX는 개인들을 위한 고급 와인 시장으로, 다른 곳에서는 쉽게 구할 수 없는 고급 와인들이 거래됩니다. 2천 종 이상의 와인이 BBX에 올라와 있으며, 구매자는 판매자가 제시한 가격에 바로 와인을 살 수도 있지만 입찰을 제의할 수도 있습니다. 심지어 BBX에 매물로 나와 있지 않은 와인이라도 베리 브로스 앤 러드의 와인 셀러에 있는 와인이라면 입찰할 수 있습니다.

개인 간 고급 와인을 거래할 수 있는 온라인 마켓인 BBX에는 한 달에 24만 명 이상이 접속합니다. 오프라인 매장에서는 상상할 수 없는 숫자의 잠재 고객들이 제 발로 찾아 들어옵니다. 거래되는 와인의 리스트가 탄탄한 덕분이기도 하지만, 합리적인 가격도 BBX의 성장에 중요한 역할을 합니다. BBX는 개인이 보유한 희소한 와인을 거래하는 플랫폼이다 보니 판매자가 터무니없는 가격을 책정할 수도 있는데, 이럴 경우 플랫폼에 대한 신뢰가 무너집니다. 그래서 업자들의 와인 거래소인 '리벡스Liv-ex'의 객관적인 정보와 데이터를 공유해, 개인 간 거래에 참고할 수 있도록 만들었습니다.

리벡스는 글로벌 고급 와인 시장에 관한 종합적인 데이터를 제공하면서 시장의 투명성을 추구하고, 상인들이 쉽고 편하게 와인을 거래할 수 있도록 전방위적인 지원을 합니다. 36개국에서 참가하는 400개 이상의 리벡스 회원사들은 전 세계 고급 와인 거래의 95%를 차지하기 때문에 거래량만으로도 시장 표준이 되기에 충분합니다. 리벡스는 회원사들의 거래에 관한 정보를 데이터로 가공합니다. 예를 들어 '리벡스 파인 와인 100Liv-ex Fine Wine 100'은 시장에서 가장 인기가 많은 100개 와인들의 가격을 추적해 지수화한 지표로, 업계의 벤치마크로 사용됩니다. 이 지수는 블룸버그나 로이터에서도 찾아볼 수 있을 정도로 공신력을 인정받았습니다. 이 외에도 '리벡스 파인 와인 50Liv-ex Fine Wine 50', '리벡스 보르도 500Liv-ex Bordeaux

1
매장의 '파인 와인 리저브' 코너에는 전 세
계의 희귀한 와인들이 진열되어 있습니다.

2
몇몇 와인은 와인 디스펜서를 이용해 시음
이 가능합니다.

500'등의 지수를 개발해 와인 시장의 기준을 만들고, 시장의 흐름을 알려줍니다.

이처럼 BBX에서는 리벡스의 데이터를 공유해 와인 가격의 기준을 제시하는 데다가, 거래가 이뤄졌을 때만 수수료를 책정하고 그전까지는 어떤 비용도 발생하지 않으니 투자한 와인을 되팔기가 쉬워집니다. 투자했던 와인을 원하는 시점과 가격에 팔 수 있게 되자 와인의 미래 가치에 투자하는 문턱이 낮아지고, 문턱이 낮아진 만큼 BBX에서 거래되는 와인 리스트가 늘어납니다. 와인 투자에 대한 선순환 구조가 형성되며 시장이 커지는 것입니다. 만약 베리 브로스 앤 러드가 과거에 하던 방식에만 머물렀다면, 포착하기 어려웠을 기회입니다.

쌓아온 신뢰를 팝니다

저장 공간을 팔고, 개인 간 와인 거래 플랫폼을 만든 것을 보면 베리 브로스 앤 러드가 미래의 시간에만 관심이 있는 것처럼 보일 수 있습니다. 하지만 다가올 미래는 불확실한 반면, 쌓아온 과거는 확실합니다. 베리 브로스 앤 러드가 이를 모를 리 없습니다. 그래서 300년이 넘는 역사와 전통이 있기에 가능한 와인 판매도 하고 있습니다.

베리 브로스 앤 러드 매장에는 다른 곳에서는 보기 어려운 '자체 셀렉션Own selection'이라는 판매 코너가 있는데, '베리 브로스 앤 러드' 라벨이 붙어 있는 와인이 진열된 매대입니다. 이 코너에서 각각의 와인을 설명하는 문구를 보면 자체 셀렉션의 특징을 이해할 수 있습니다. 이를테면 프랑스 보르도Bordeaux 지역의 200년 된 와이너리인데, 베리 브로스 앤 러드와의 그동안 거래와 신뢰에 감사의 마음을 담아 베리 브로스 앤 러드만을 위한 와인을 만들어 헌정한다는 식의 설명입니다. 이런 와인이 한 두 병이 아니라 레드, 화이트, 로제 등 장르를 불문하고 50종 이상 있습니다. 헌정판이자 한정판이며, 베리 브로스 앤 러드에서만 독점적으로 판매하는 와인인 것입니다. 이 자체로도 의미가 있지만, 와인에서 중요시 여기는 요소를 알고 나면 자체 셀렉션이 더 대단하게 보입니다.

와인은 자연이 만든다고 해도 과언이 아닐 정도로, 토양, 기후, 일조량 등 와인 생산지의 지리적 요인이 중요합니다. 프랑스가 전 세계 와인의 본거지로 인정받는 이유도 와인을 담그기 위한 포도를 재배하는 데 적합한 자연조건을 갖추었기 때문입니다. 이처럼 와이너리가 위치한 산지의 특성이 와인의 맛과 향에 미치는 영향이 지대하다 보니, 와인 판매에 있어 와인 소매상의 브랜드나 마케팅이 끼어들 여지가 적습니다.

1·2·3
베리 브로스 앤 러드는 50가지 이상의 '자
체 셀렉션' 와인을 갖추고 있습니다.

오히려 와인을 파는 매장보다 '보르도Bordeaux', '피어몬테Pier-monte' 등의 와인 생산지나 '까베르네 소비뇽Cabernet Sauvignon', '샤도네이Chardonnay' 등의 포도 품종이 더 중요합니다.

이런 상황에서 전 세계 각지의 유명 와이너리들이 베리 브로스 앤 러드를 위한 헌정판을 만들고, 베리 브로스 앤 러드도 와인 소매상의 자체 브랜드로 와인을 팔 수 있는 건 특별한 일입니다. 베리 브로스 앤 러드가 전 세계 각지의 유명 와이너리들과는 물론이고, 베리 브로스 앤 러드를 찾는 고객들과도 오랜 시간 신뢰를 쌓아온 결과입니다. 이처럼 미래의 시간뿐만 아니라 과거의 시간도 베리 브로스 앤 러드에서는 와인의 가치를 높이는 데 보이지 않는 역할을 합니다.

숙성될 시장에 팝니다

시간을 넘나들며 새로운 시장 기회를 만들어 낸 베리 브로스 앤 러드는 시간뿐만 아니라 공간도 넘나들며 사업을 확장합니다. 런던을 넘어 글로벌 시장에 진출하면서 베리 브로스 앤 러드가 주목한 지역은 아시아 시장입니다. 아시아 와인 시장은 인구수와 소득 수준의 증가를 바탕으로 빠르게 성장하고 있습니다. 와인 시장 규모나 소비량을 기준으로 하면 유럽 시장이 가장 크고 다음으로 북미 시장이 크지만, 이미 수요와 공급이 포화 상태입니다. 그래서 베리 브로스 앤 러드는 성장 가능성을 우선순위에 두고 아시아 시장을 공략한 것입니다.

베리 브로스 앤 러드의 첫 번째 아시아 지사는, 2008년에 오픈한 도쿄 지점입니다. 도쿄의 고객들에게 와인의 미래 가치에 투자한다는 컨셉이 낯설긴 했지만, 베리 브로스 앤 러드는 와인이 투자의 대상이 될 수 있다는 것을 꾸준히 알리며 수요를 창출했습니다. 현재는 도쿄 매장의 고객 30% 이상이 마시지도 않을 와인을 영국 베이싱스토크에 위치한 와인 저장고에 보관해 둡니다. 일본과 달리 지진 위험도 없고 일본으로 와인을 운송하는 비용과 세금을 고려했을 때 영국에 보관하는 것이 더 경제적이기 때문입니다. 소비용이 아니라 투자용으로 와인을 구매한다면 충분히 가능한 수요입니다.

도쿄 다음으로, 베리 브로스 앤 러드는 2012년에 싱가포르 지사를 세웁니다. 싱가포르는 큰손들이 몰리는 도시이자, 지리적으로 동남아시아 시장의 허브입니다. 절대적인 백만장자의 수로 따지면 도쿄나 홍콩 등의 아시아 주요 도시에 미치지 못하지만, 증가 속도만큼은 어느 곳보다도 빠릅니다. 여기에다가 싱가포르와 가까운 인도네시아, 말레이시아 등의 국가에서 '잘 먹고 잘 마시는' 부자들이 급증하면서 이 지역에서 고급 와인에 대한 수요가 늘어나고 있습니다. 그러나 이런 수요를 만족시킬 만한 와인 공급자가 없다는 사실을 꿰뚫어 본 베리 브로스 앤 러드는 싱가포르 지사를 동남아시아 시장을 망라하는 중심축으로 운영합니다.

직접 운영하는 지사는 아시아에서 가장 나중에 생겼지만, 홍콩은 베리 브로스 앤 러드가 가장 오랜 시간 활동해 온 도시입니다. 1990년대 후반부터 홍콩에 와인 클럽을 열기도 했고, 현지 업체인 '차이나플러스 와인Chinaplus Wines'에 라이선스를 주고 와인을 납품해 왔습니다. 그러다 2013년에 라이선스 형태가 아닌 직영점 체제로 전환하면서 베리 브로스 앤 러드의 이름을 내건 홍콩 지사를 설립합니다. 홍콩은 아시아에서 가장 큰 시장인 중국과 지리적, 문화적으로 가까운 데다가 2008년부터 증류주를 제외한 모든 주류세가 면제되어 요충지로서의 역할을 톡톡히 하는 곳입니다.

베리 브로스 앤 러드가 지난 수백 년간 와인의 본고장인 유럽에서 단단한 뿌리를 다졌다면, 앞으로의 수백 년은 새로운 시장에서 꽃을 피울 차례입니다. 시간과 공간을 넘나들며 시장의 기회를 알아보는 안목과 사업화하는 실행력을 갖춘 덕분에 베리 브로스 앤 러드도 와인처럼 시간과 함께 숙성의 깊이가 더해집니다.

≈ 미래 기술을 도입해 본다면?

레시오

10

카페와 바의 경계를 무너뜨리는 로봇팔의 힘

비용은 낮추고 매출은 높이는 로봇 활용의 정석

ratio:

'스타벅스 커피'가 로고에서 '커피'를 뗐습니다. 커피에만 갇혀있지 않고 다른 음료나 베이커리 등으로 사업 영역을 확장하며 미래로 나아가겠다는 뜻입니다. 말뿐인 비전 선언이 아니었습니다. 2011년에 스타벅스 커피에서 스타벅스로 사명을 바꾼 후, 스타벅스는 2012년에 '티바나Teavana'라는 티 브랜드를 인수했고, 2016년에는 이탈리아의 베이커리 '프린치Princi'에 투자하면서 글로벌 라이선스를 확보했습니다. 커피의 틀을 깨고 나와 티와 베이커리로 사업을 확장한 스타벅스가 다음으로 손을 댄 영역은 술입니다. 스타벅스는 2018년에 주류를 파는 브랜드인 '바 믹사토Bar Mixato'를 출시하고, 2019년에 상하이 와이탄外灘 지역에 세계에서 두 번째이자 아시아 최초로 '스타벅스 리저브 카페 앤 바 믹사토'를 런칭했습니다.

스타벅스 리저브 카페 앤 바 믹사토에서는 커피는 물론

1
상하이 와이탄에 위치한 스타벅스 리저브
카페 앤 바 믹사토입니다.

2

2
술과 어울리는 간단한 안주 메뉴도 준비되
어 있습니다.

이고, 각종 주류와 안줏거리가 될만한 푸드 메뉴를 판매합니다. 이처럼 카페와 바를 결합하니 매장의 풍경이 달라집니다. 카페 카운터에 술병이 감각적으로 진열되어 있고, 테이블에서도 각자의 선호대로 커피 또는 술을 주문해 마시는 모습을 볼 수 있습니다. 또한 바리스타는 물론이고 바텐더까지 상주합니다. 덕분에 리저브 매장의 고급 커피와 중국의 차를 첨가한 칵테일이 인기 메뉴로 자리 잡았습니다. 그뿐 아니라 영업시간도 달라집니다. 오전 8시부터 새벽 2시까지 오픈합니다. 커피만 있었다면 밤늦은 시간대에 매장 분위기가 썰렁했을 텐데, 술까지 함께 파니 늦은 밤에도 매장에 활기가 돕니다. 그만큼 매출이 늘어나는 것은 물론입니다.

하지만 이처럼 카페와 바를 결합하는 데는 만만치 않은 비용과 리스크를 감수해야 합니다. 우선 주류로 매출을 늘리기 위해서는 칵테일 제조에 필요한 주류들을 구비해야 하고, 영업 시간 동안 전문적인 바텐더를 고용해야 하는 등 비용이 발생합니다. 또한 정체성이 모호할 경우 카페도 아니고 바도 아닌 곳이 될 수 있어 두 마리의 토끼를 잡으려다 둘 다 놓치는 우를 범할 수도 있습니다.

이론적으로는 카페와 바를 결합하면 매출이 오를 것이라 생각할 수 있지만, 현실은 그만큼 호락호락하지 않습니다.

그렇다고 요원한 일도 아닙니다. 상하이의 스타벅스 리저브 카페 앤 바 믹사토가 이 문제를 브랜드력으로 풀었다면, 상하이의 또 다른 카페이자 바인 '레시오Ratio'는 미래지향적인 해결법을 보여줍니다.

비율은 맞추고, 비용은 낮추고

레시오는 낮에는 카페, 밤에는 바를 지향합니다. 영어로 비율을 뜻하는 레시오라는 이름에서 유추할 수 있듯이, 음료의 완벽한 비율을 추구합니다. 이곳의 모든 커피류는 에스프레소, 우유, 거품, 설탕, 물, 알코올 등 6가지 요소의 비율이 정해져 있는데, 최고의 바리스타들이 연구한 비율입니다. 칵테일류도 마찬가지입니다. 칵테일을 구성하는 5가지 요소를 실력 있는 믹솔로지스트들의 레시피에 따라 섞습니다. 고객들에게 모든 메뉴의 비율을 공개하고, 매번 같은 비율로 만들어진 음료를 일관성 있게 제공해 신뢰를 쌓았습니다.

그렇다면 매번 같은 비율로 음료를 제조하는 건 누구의 몫일까요? 보통의 경우 능숙한 바리스타나 바텐더의 역할이었겠지만, 레시오에서 음료의 정확도를 높이는 건 사람이 아닌 로봇입니다. 이 매장에는 바리스타나 바텐더가 없습니다.

1
레시오는 유동인구가 많은 상하이 래플스 시티 1층에 위치해 있습니다.

2·3
레시오는 정확한 비율에 따라 음료를 제조 합니다. 일회용 컵에 제공되는 음료의 경 우, 비율이 적힌 스티커가 컵에 붙여져 나 옵니다.

대신 로봇이 바리스타와 바텐더의 역할을 겸해 고객이 주문한 음료를 제조합니다. 그뿐 아니라 인공 지능을 탑재한 레시오의 로봇이 매장의 효율성을 입체적으로 개선합니다. 이처럼 기술을 활용해 비용 효율적인 방법으로 고객 경험을 개선한 레시오의 모습에서 이종 업계를 결합하여 매장의 영역을 넓히는 실마리를 찾을 수 있습니다.

공간의 가치를 높이는 기술

레시오에는 주문 공간이나 음료 픽업 공간이 없습니다. 고객이 자리에 앉아 주문, 결제, 음료 수령까지 모두 해결할 수 있기 때문입니다. 우선 매장을 방문한 고객은 원하는 자리에 착석하고, 스마트폰으로 주문을 합니다. 레시오만을 위한 별도의 애플리케이션이 필요한 것도 아닙니다. 10억 명 이상의 회원 수를 보유해 국민 메신저로 불리는 '위챗WeChat' 애플리케이션 내의 QR 코드 스캔 기능으로 테이블의 QR 코드를 스캔하면 주문 화면으로 넘어갑니다. 고객은 애플리케이션으로 원하는 메뉴를 주문하고, 결제도 애플리케이션 내 결제 모듈인 '위챗 페이WeChat Pay'로 계산합니다. 결제가 끝나고 주문한 음료가 나오면 직원이 테이블로 서빙해 줍니다. 이런 방식으로 주문해서 마실 수 있으니 계산대와 음료 픽업대가 있어야 할 공간에 고객이 앉을 수 있는 좌석을 두어 더 많은 손님을 수용할 수 있습니다.

고객이 주문과 결제를 했다면, 다음은 로봇의 차례입니다. 로봇은 바리스타와 바텐더를 대신해 고객이 주문한 음료를 제조합니다. 음료를 제조하는 로봇이 차지하는 공간은 사람 한 명이 설 정도의 면적입니다. 레시오의 로봇은 자유자재로 팔을 접거나 펴거나 움직이며 한 자리에서 컵을 세척하고, 음료를 제조하며, 서버에게 음료를 내어주는 역할까지 해냅니다. 같은 역할을 사람이 하기 위해서는 더 많은 인원과 더 복잡한 동선이 필요한데, 레시오에서는 로봇 한 대가 사람의 역할을 대신하니 공간의 효율을 개선할 수 있습니다.

이처럼 로봇이 음료를 제조하니 사람이 서 있을 공간뿐만 아니라 재료를 두는 공간도 효율적으로 활용할 수 있습니다. 칵테일을 만들기 위해서는 기주가 되는 술이 필요한데, 레시오에서는 80여 가지의 기주를 유휴 공간인 천장에 매달아 둡니다. 레시오 로봇이 천장 높이까지 닿을 수 있도록 설계되어 있기 때문입니다. 술병들은 거꾸로 매달려 있어 버튼 하나로 필요한 양만큼만 술을 따를 수 있습니다. 보통의 바라면 바텐더들의 손이 닿는 공간에 기주가 놓여 있어 자리를 차지하지만, 로봇이 칵테일을 만드니 유휴 공간이던 천장에도 쓸모가 생깁니다.

인간의 가치를 높이는 기술

로봇이 음료를 제조한다고 사람의 역할이 없어진 건 아닙니다. 단순히 반복하는 업무와 사람보다 로봇이 잘할 수 있는 일은 로봇이 하되, 로봇이 대체할 수 없거나 대체하면 품질이 떨어지는 영역은 사람이 합니다. 레시오의 로봇은 사람과 협업하는 로봇인 '코봇Cobot'이기 때문에 사람만이 할 수 있는 고유한 업무를 할 수 있도록 도와주는 것입니다. 그렇다면 사람이 더 잘하는 일은 무엇일까요? 바리스타나 바텐더의 역할 중 음료 제조만큼이나 중요한 것이 접객입니다. 레시오에서는 사람의 세심한 배려와 유연한 전문 지식이 필요한 고객 응대는 매장 직원이 하고, 단순 반복 업무에 해당하는 음료 제조에만 로봇이 관여합니다.

로봇이 음료를 제조하자, 속도는 더 빨라지고 정확도는 더 높아집니다. 게다가 로봇 하나가 바리스타와 바텐더의 역할을 겸하기 때문에 바리스타와 바텐더를 각각 고용하는 것에 비해 인건비를 확연히 줄일 수 있습니다. 초기에 로봇을

1
[영상] 고객이 아이스 아메리카노를 주문
하자, 레시오 로봇이 컵에 얼음을 받아 커
피 머신 앞에 가져다 놓습니다.

2
[영상] 레시오 로봇이 천장에 매달린 리큐어 중 고객이 주문한 칵테일에 필요한 리큐어들을 셰이커에 담고 있습니다.

구입하는 비용이 들지만, 매달 고정적으로 바리스타와 바텐더 등 2명 이상의 전문 인력에게 지출하는 인건비를 고려하면 영업 기간이 늘어날수록 이득입니다. 줄어든 인건비는 음료 가격에 반영됩니다. 아메리카노는 24위안(약 4,800원)으로 스타벅스보다 4위안(약 800원)이 저렴하고, 칵테일도 바 믹사토 대비 비슷한 메뉴가 4~10위안(약 800~2,000원) 정도 저렴합니다.

가격뿐만 아니라 맞춤화 측면에서도 고객 혜택이 커집니다. 레시오가 위챗 애플리케이션으로 주문을 받다 보니, 자연스럽게 고객 데이터가 쌓입니다. 그래서 레시오에서는 데이터를 기반으로 고객이 좋아할 만한 음료를 추천합니다. 인공 지능에 의한 추천이기 때문에 주문이 많을수록 더 정교해집니다. 단골 고객이 즐겨 찾는 음료를 기억해 뒀다가 매장 직원의 감으로 음료를 추천하는 것보다 더 효과적입니다.

시간의 가치를 높이는 기술

매장의 매출을 단순화하면 객단가에 고객 수를 곱한 값입니다. 그래서 매출을 증가시키려면 객단가를 높이거나 고객 수를 늘려야 합니다. 이 중에서도 객단가를 높이기 위해선 고객에게 더 많은 제품을 또는 더 비싼 제품을 팔아야 합니다. 그런데 사람이 먹는 양은 평균에 수렴할 테니 식음료 매장에서는 더 많은 제품을 판매하기 어렵습니다. 그래서 식음료 매장에서 객단가를 높이려면 더 비싼 제품을 팔아야 합니다. 또한, 객단가와 별개로 고객 수를 늘리기 위해선 단위 시간당 방문객 수를 뜻하는 회전율을 높여야 합니다. 이처럼 매출을 끌어올리는 공식은 정해져 있는데, 막상 현실에 적용하기가 쉽지 않습니다. 하지만 레시오는 로봇을 활용해 공식을 현실에 적용할 방법을 찾았습니다.

우선 로봇이 바리스타와 바텐더의 역할을 모두 할 수 있으니 고객의 니즈에 유연하게 대응하면서 객단가를 높일 수가 있습니다. 2인이 함께 레시오에 방문해 카페 음료 2잔과 베이커리류 1개를 주문하는 경우와 칵테일 2잔을 주문하는 경우를 비교해 보면 객단가의 차이가 확연히 보입니다. 카페 음료 메뉴의 평균 가격은 약 27위안(약 5,400원), 베이커리류의 평균 가격은 약 23위안(약 4,600원)으로 2인이 쓴 비용은 77위안(약 15,400원)입니다. 한편 칵테일 메뉴의 평균 가격은 약 71위안(약 14,200원)으로, 안주를 시키지 않고 칵테일만 2잔을 주문해도 카페 고객 2인이 쓴 비용의 2배 가까운 금액이 됩니다. 낮 시간대야 칵테일을 찾는 고객이 많지 않겠지만, 저녁 시간에는 상황이 달라집니다. 저녁 시간대의 특성상 칵테일

Coffee by Day : Cocktail by Night

经典咖啡 Classic coffee

斑兰拿铁 Pandan Latte   ¥31

1

2

1
레시오는 낮에는 카페, 저녁에는 칵테일 바
를 지향합니다.

2
테이블 폭을 좁게 만든 간이 좌석 또한 더 많
은 고객을 확보하고 회전율을 높이는 요소
입니다.

메뉴를 주문하는 고객이 많으니, 객단가가 높아집니다. 매장 입장에서는 같은 시간을 영업하더라도 시간당 생산성이 올라갑니다.

또한 레시오는 주문과 음료 제조에 걸리는 시간을 줄여 매장의 회전율을 높입니다. 고객들은 각자의 자리에서 QR 코드로 주문하기 때문에 주문하기 위해 기다리지 않아도 됩니다. 테이크 아웃 고객들도 마찬가지입니다. 레시오 웹사이트에 있는 테이크 아웃 전용 QR 코드로 매장에 도착하기 전부터 주문이 가능합니다. 그뿐 아니라 음료 제조는 로봇이 해서 사람이 제조할 때보다 속도가 빠릅니다. 주문에서 음료 수령까지의 시간이 줄어들어 고객들은 더 빨리 매장을 나갈 수 있고, 그만큼 회전율도 개선됩니다. 여기에다가 QR 코드로 주문한 화면에는 현재 대기 중인 음료 잔 수와 예상 대기 시간이 표시되어 고객들은 대기 시간을 유용하게 쓸 수도 있습니다. 고객도 매장도 이득인 시스템입니다.

닮은 듯 다른 미래

로봇 바리스타나 로봇 바텐더의 이야기가 어제오늘의 일은 아닙니다. 포문을 연 건 샌프란시스코에 있는 '카페 엑스Cafe X'

였습니다. 로봇 바리스타가 커피를 만드는 카페 엑스는 무인화를 통해 커피를 신속하게 제공하는 것을 목표로 2017년에 오픈했습니다. 이후 로봇이 일하는 매장이 전 세계적으로 확산하는 조짐과 징후가 보이더니, 2019년에는 서울에도 라운지엑스Loungex, '카페봇CAFE.BOT' 등 로봇 바리스타가 있는 식음료 업장들이 등장하기 시작했습니다.

라운지엑스에서는 로봇이 드립 커피를 만들고, 또 다른 로봇이 빵도 서빙해 줍니다. 카페봇에서는 커피를 내리는 드립봇, 칵테일을 제조하는 드링크봇, 케이크 위에 고객이 선택한 디자인의 데코를 그려 주는 디저트봇 등 3가지 로봇이 각자의 역할을 소화합니다. 여기에 미디어아트로 매장 공간을 꾸미며 감성적인 즐길 거리도 함께 마련합니다. 매장에서 로봇이 일을 한다는 공통분모가 있지만, 운영 효율성을 끌어올린다는 측면에서는 레시오와 다른 점이 있습니다.

보통의 로봇 매장들이 별개의 로봇이 각각의 역할을 수행하는 것과 달리, 레시오에서는 하나의 로봇이 바리스타도 하고 바텐더도 합니다. 한 대의 로봇만 있으면 되기 때문에 초기 투자가 적게 들고, 로봇을 설치할 공간도 줄어들며, 운영의 복잡성도 낮아집니다. 또한 중국인의 약 80%가 위챗 페이나 알리페이Alipay와 같은 모바일 페이를 사용하고 있어서,

애플리케이션으로 주문과 결제를 간편화하고 인공 지능을 통한 추천 서비스까지 더하니 로봇이 일하는 매장에서의 고객 경험이 살아납니다.

레시오가 커피와 칵테일을 동시에 만들 수 있는 로봇을 설계한 건 운영 효율성 측면을 고려하기도 했지만, 목표하는 바가 있어서이기도 합니다. 레시오의 창업자 개빈 패스로스 Gavin Pathross의 궁극적 목적은 칵테일의 대중화입니다. 그래서 카페와 바를 결합해 칵테일 바의 문턱을 낮추고, 카페로 낮 시간의 활용도를 높여 운영비 부담을 줄이며, 양질의 칵테일을 합리적인 가격에 판매하기 위해 바리스타와 바텐더를 겸할 수 있는 로봇을 도입한 것입니다.

이처럼 로봇의 형태는 비슷할 수 있지만, 목적과 컨셉에 따라 로봇은 다른 양상으로 활용될 수 있습니다. 결국, 로봇의 역할과 가치는 사람의 생각과 상상력이 결정합니다. 이제 막 존재감을 드러낸 로봇을 식음료 업계가 어떻게 진화 시켜 나갈지 궁금해집니다.

보틀로켓

11

AI 스피커가 술을 팔면 달라지는 것들

구매의 맥락을 파악하면 고객의 지갑이 열린다

맥도날드가 밀크셰이크 판매량을 늘리기 위해 애쓰던 시절이 있었습니다. 2000년대 초반에 맥도날드는 핵심 소비자군의 취향을 조사하고, 결과에 따라 밀크셰이크의 맛, 농도 등을 조정해 보기도 했지만, 판매량은 요지부동이었습니다. 고객의 입맛에 맞는 밀크 셰이크를 출시해도 판매량이 늘지 않으니, 풀리지 않는 문제에 봉착한 듯 보였습니다.

문제 해결의 단초를 찾은 사람은 파괴적 이노베이션 이론의 최고 권위자이자 하버드 경영대학원 교수인 클레이턴 크리스텐슨Clayton Christensen이었습니다. 그는 밀크셰이크 판매량을 늘리기 위해 고객의 밀크셰이크 구매 패턴을 분석했습니다. 그 결과, 밀크셰이크 전체 판매량의 40%는 오전 9시 이전에 발생한다는 사실을 발견했습니다. 이 시간대는 성인 남성 고객들이 대부분이었는데, 이들이 드라이브스루Drive-thru나 매장 방문을 통해 밀크셰이크를 테이크아웃 해갔습니다. 어린아이들이 오후 간식으로 주로 찾을 것 같은 밀크셰이크를 성인 남성들이 바쁜 출근길에 찾는 이유는 무엇일까요?

맥도날드 밀크셰이크가 출근 시간동안 간편하고, 든든하게 배를 채우는 훌륭한 아침 식사 대용이기 때문입니다. 여유롭게 앉아 아침 식사를 즐길 여유는 없고 굶기에는 배가 고프니, 운전을 하면서도 한 손을 활용해 마실 수 있는 밀크셰이크를 선택하는 것이었습니다. 또한 밀크셰이크는 농도가 걸쭉해 빨리 마시기 어려워 출근길의 심심함을 달래줄 수 있는 장점도 한몫했습니다.

맥도날드는 고객들의 구매 패턴에 착안하여 출근길에 판매하는 밀크셰이크를 오후에 판매하는 밀크셰이크보다 더 뻑뻑하게 만들고, 더 가는 빨대를 제공해 더 오랜 시간 동안 즐길 수 있도록 했습니다. 여기에 과일을 갈아 넣어 영양과 식감을 더했습니다. 이렇게 고객이 밀크셰이크를 구매하는 맥락에 집중해 제품을 개선한 결과 밀크셰이크 판매량이 7배나 증가했습니다.

"생활에서 발생하는 어떤 일 때문에 그들이 이 매장에 와서 밀크셰이크를 고용하는가?"

클레이턴 크리스텐슨 교수가 밀크셰이크 문제를 바라보는 관점을 단적으로 드러내는 질문입니다. 그는 소비자들이 물건을 구매하는 것이 아니라 고용하는 것이라고 말합니다. 소비자들은 제품이나 서비스를 고용하여 그들이 해야 하는 일을 대신하도록 시키는 것입니다. 그렇기 때문에 제품의 특성이 아니라 고객이 제품을 구매하는 목적을 연구하면, 고객이 이 제품을 사야만 하는 이유를 더 명확히 제시할 수 있습니다.

맥도날드가 고객들이 밀크셰이크를 고용해야 하는 이유를 만든다면, 미국 뉴욕에 위치한 주류 판매점인 '보틀로켓Bottlerocket'은 와인과 위스키를 고용해야 하는 이유를 제안합니다. 그래서 이 매장은 판매하는 주류를 전형적인 카테고리로 구분하지 않고, 고객이 주류를 구매하는 맥락에 따라 분류해 판매하는 술의 가치를 높입니다.

비효율적이어서 효과적인 매장

보틀로켓 매장의 진열 방식은 독특합니다. 보통의 와인 가게처럼 레드, 화이트, 스파클링 등으로 와인을 구분하거나 이탈리아, 프랑스, 미국 등 국가별로 구분하지 않습니다. 대신 와인을 구매하는 목적, 페어링하면 좋은 음식 등 고객이 와인을

1·2

보틀로켓에서는 고객이 와인을 고를 때 고려하는 기준에 따라 와인을 진열해 고객 친화적인 디스플레이를 선보입니다.

고를 때 고려할 만한 기준들로 와인을 분류합니다. 와인을 구매할 때 와인의 속성만큼이나 와인을 구매하는 맥락이 중요하기 때문입니다. 이처럼 고객의 관점에서 와인을 재분류해 놓아, 이 매장에서는 같은 와인이라도 여러 곳에 진열되어 있습니다. 중복해서 진열하는 방식을 좀 더 구체적으로 이해하기 위해 매장 안을 살펴보겠습니다.

매장 중앙의 와인 섹션에는 10여 개의 마름모꼴 매대가 있습니다. 각 매대는 각각의 테마를 가지고 있습니다. 테마는 육류, 가금류, 해산물, 파스타 등 와인과 페어링할 만한 음식이 되기도 하고, 선물, 가성비, 새로운 도전 등 와인을 구매하는 목적이 되기도 합니다. 매대 가운데에는 테마를 상징하는 커다란 장식이 있어 위트를 더합니다. 덕분에 매장을 방문한 고객들은 와인을 구매하려는 맥락에 따라 매대들을 옮겨 다니며 와인을 고를 수 있습니다.

테마별 구분의 효용을 높이는 건 4가지 하위분류입니다. 마름모꼴 매대의 4개 면은 테마를 4가지로 구분하면서, 구매목적을 또 한 번 세분화합니다. 예를 들어 해산물 테마의 4개 면은 각각 어두운색 생선, 밝은색 생선, 조개류, 기름기 많은 생선에 어울리는 와인들을 추천합니다. 선물 테마에서는 오래된 친구, 상사, 3번째 데이트 상대, 잘 모르는 사람 등 선물

1 · 2 · 3 · 4
와인 분류 테마를 상징하는 오브제들은 고객의 눈길을 끌며 와인을 고르는 재미를 더해줍니다.

1·2·3
선물 테마에서는 3번째 데이트 상대, 상사,
오래된 친구 등으로 선물 받는 사람을 구분
해 와인을 추천합니다. 선물하는 사람의 입
장을 반영한 분류입니다.

4
추천하는 와인마다 와인에 대한 세부 정보
를 제공합니다.

을 받는 사람을 4가지 타입으로 구분하여 각 목적에 따라 와인을 분류합니다. 세부 테마에 대한 설명도 콜라주로 표현해 보는 재미를 더합니다.

테마별 분류가 와인과의 첫 만남을 직관적이고 즐겁게 만들었다면, 선택을 돕는 건 와인에 대한 정보입니다. 보틀로켓은 진열한 모든 와인 아래에 가격과 함께 와인의 이름, 맛, 페어링하면 좋은 음식, 생산지, 매장의 자체 평점 등을 기록한 카드지를 배치해 고객들이 와인을 구매할 때 참고할 수 있도록 합니다.

그럼에도 불구하고 비효율은 비효율

보틀로켓의 고객 친화적인 진열은 고객에게 효용을 줍니다. 하지만 매장 입장에서 보면 공간 활용에 비효율이 생깁니다. 10개가 넘는 마름모꼴의 매대를 비치하고 각 매대 사이로 고객들의 동선을 확보하려면 넓은 공간이 필요하기 때문입니다. 게다가 테마별로 매대를 구성하면 동일한 와인을 여러 곳에 진열해야 해서 비효율적입니다.

여기에 더해 와인 추천의 깊이에도 한계가 있습니다. 테마별로 4개 하위 분류를 구성하기는 했지만, 그 이상으로 기준을 세분화하기에는 물리적인 디스플레이 공간이 부족합니다. 공간을 넓히거나 매대의 각을 늘려 몇 단계 더 세부적인 기준을 구현한다고 하더라도 지나치게 복잡해져 버린 진열에 오히려 고객들의 효용이 줄어들 수 있습니다.

와인을 분류하는 기준이나 추천하고자 하는 와인이 바뀔 때도 비효율을 수반합니다. 와인을 분류하는 테마를 바꾸기 위해서는 매대의 테마를 상징하는 거대한 토퍼부터 하위분류를 설명하던 콜라주까지 모두 수작업으로 변경해야 합니다. 매대별로 추천하는 와인을 바꿀 때도 와인의 진열은 물론이고 각 와인에 대한 카드지까지 다시 만들고 갈아 끼워야 하는 번거로움이 있습니다.

보틀로켓의 매장 진열 방식이 와인을 구매하고자 하는 고객의 가려운 부분을 긁어 주는 것은 분명합니다. 하지만 그에 따라 발생하는 매장의 비효율을 극복하는 방법은 없을까요?

비효율을 극복한 AI 스피커의 효용

보틀로켓에서는 와인 말고도 위스키를 판매하는데, 위스키 섹션에서 와인 섹션이 안고 있는 비효율을 극복할 실마리를 찾을 수 있습니다. 첫인상만으로 눈길을 사로잡는 와인 섹션과

1
알렉사가 탑재된 아마존 에코는 위스키 매
대 중앙에 위치해 있습니다.

달리, 위스키 섹션은 단출합니다. 보통의 주류 판매점처럼 직사각형 선반에 100여 가지의 위스키가 진열되어 있습니다. 평범해 보이는 매대를 비범하게 만드는 건 중앙 부분입니다. 인공지능 플랫폼인 알렉사가 탑재된 스피커 '아마존 에코Amazon Echo'가 설치되어 있기 때문입니다. 이 스피커를 통해 고객에게 맞는 위스키를 추천해 줍니다.

고객이 "알렉사, 보틀 지니어스를 시작해(Alexa, open Bottle Genius)"라고 말하면 알렉사가 첫 번째 질문을 던집니다. 알렉사는 고객에게 위스키를 구매하고자 하는 목적이 선물용인지, 평소 즐겨 마시는 위스키와 비슷한 것을 찾는지, 아니면 좋아하는 위스키 외에 새로운 것을 도전해보고 싶은지에 대해 묻는 것으로 위스키 추천을 시작합니다. 세 가지 답변 중 한 가지를 선택해 대답하면, 질문을 여러 차례 이어가며 추천할 만한 위스키 후보군을 좁혀 갑니다. 마지막 질문까지 마치면, 고객의 대답에 따라 알렉사가 최종적으로 추린 몇 가지 위스키 아래에 불이 켜집니다. 불이 켜진 위스키에 대한 상세 설명도 알렉사가 음성으로 들려주어 그 자리에서 바로 위스키에 대한 정보를 접할 수 있습니다.

이렇게 인공지능 스피커를 활용하니 와인 섹션에서 발생하는 비효율이 해결됩니다. 추천하는 과정을 와인 섹션처럼 진열대로 하는 것이 아니라 소프트웨어로 대체함으로써, 위스키를 한쪽 벽면에 효율적으로 진열하고도 고객의 맥락에 맞게 추천할 수 있습니다. 와인 섹션과 달리 테마별로 매대를 구성할 필요도 없고 중복 진열을 할 필요도 없어, 공간을 아낄 수 있습니다.

또한 알렉사를 활용하면 추천 과정을 고도화할 수 있습니다. 와인 섹션에서는 테마별로 4개의 하위 구분이 있는데, 추천 과정으로 보면 2단계의 질문을 담고 있는 셈입니다. 이럴 경우 추천 과정을 늘리기 위해선 물리적 공간이 추가로 필요합니다. 하지만 인공지능 스피커로 추천을 하면 공간을 늘리는 것이 아니라 질문의 수를 늘려 추천 과정을 정교화할 수 있고, 이에 따라 제안의 정확도도 높아집니다.

그뿐 아니라 위스키를 추천하는 질문을 바꾸거나, 입고되는 위스키가 달라질 때마다 물리적으로 매대를 변경하거나 카드지를 다시 제작할 필요도 없습니다. 간단한 코딩만으로도 변경된 질문과 위스키 정보를 반영할 수 있습니다. 인공지능이 제품을 추천해주는 위스키 섹션에서 비효율을 덜어내면서도 고객 효용을 높인 미래의 매장을 엿볼 수 있습니다.

1·2
몇 번의 질의응답 끝에 AI 스피커가 최종적
으로 추천하는 위스키 아래에는 파란색 불
이 들어옵니다.

3
AI 스피커 덕분에 작은 매대로도 고객의 구
매 목적에 적합한 위스키를 효율적으로 추
천할 수 있습니다.

AI가 바꾸는 식음료업의 풍경

보틀로켓에서 알렉사는 고객에게 제품을 파는 방식을 바꾸었습니다. 음성 인식 기술과 인공지능을 활용해 고객이 필요로 하는 정보를 제공하고, 판매로 연결하는 것입니다. 별도의 매대 구성이나 직원 없이도 고객과 대화하듯 양방향 소통을 하며 고객의 니즈에 다가간다는 점에서 차별화됩니다. 고객의 맥락을 파악하는 역할을 음성 인식 기술과 인공지능이 대체하고 있는 셈입니다.

보틀로켓뿐만 아니라 식음료 산업에서는 알렉사와 같은 기술을 적극적으로 도입하는 중입니다. KFC, 도미노 피자, 던킨 도너츠 등의 기업들은 일부 매장을 중심으로 아마존의 알렉사 또는 구글 어시스턴트Google Assistant를 활용해 주문을 받고 있습니다. 이러한 주문 방식이 기존의 키오스크 혹은 모바일 애플리케이션의 기능을 음성화한 수준이라면, 인공지능 기술에 해당하는 딥러닝이나 머신러닝 등의 기술을 적용해 기술의 활용도를 높인 사례들도 늘어나는 추세입니다.

영국 런던의 맥주 스타트업 '인텔리전트엑스IntelligentX'는 소비자의 맥주 맛과 선호에 대한 데이터를 모아 고객이 가장 선호하는 맛의 맥주를 만듭니다. 미국의 '챔피언 브루잉Champion Brewing'도 머신러닝 회사인 '메티스 머신Metis Machine'과 협력해 맥주 맛에 대한 학습 모델을 만들고 최고의 IPA 레시피를 찾아냈습니다. 이처럼 인공지능 기술은 마케팅을 넘어 제품 개발 단계에서도 활용될 수 있습니다.

인공지능은 인간의 사고를 본 떠 만든 알고리즘이지만, 기술의 발달로 이미 인간의 지능을 뛰어넘었다고 해도 과언이 아닙니다. 인간의 사고방식을 습득한 인공지능이 이제는 인간이 고려하지 못하는 방식으로 사고할 수 있으니 머지않아 인공지능 기술을 도입한 식음료 업계에도 현재로서는 상상하기 어려운 일들이 펼쳐지지 않을까요?

로봇 허

12

로봇 레스토랑은 업그레이드 중
상상하는 대로 현실이 되는 로봇의 쓸모

매장의 매출보다 고객 만족이 우선인 레스토랑이 있습니다. 보여주기식 구호가 아닙니다. 점장의 성과 평가에 매출보다 고객 만족을 더 비중 있게 반영합니다. 중국의 유명 훠궈 브랜드 하이디라오^{海底撈} 이야기입니다. 고객이 만족하면 매출은 자연스럽게 따라온다는 철학을 바탕으로 하이디라오에서는 고객을 극진하게 대접합니다.

접객은 고객이 레스토랑에 입장하기 전부터 시작됩니다. 대기 구역에 각종 음료와 다과를 비치해 대기 시간의 지루함을 달래주거나 기다리는 고객에게 네일케어 서비스를 제공합니다. 기다리다가 레스토랑에 입장하면 또 다른 접객이 펼쳐집니다. 가방에 국물이 튀지 않도록 덮개를 덮어주는 것은 기본이고, 안경에 습기가 차는 고객을 위해 안경닦이를 줍니다. 그뿐 아니라 오렌지를 까서 준비해주기도 하고, 심지어 혼자 온 고객을 위해선 건너편 자리에 인형을 놓아주기도 합니다.

식사를 마친 후에도 접객은 이어집니다. 계산을 마치고 나가는 고객이 보이지 않을 때까지 인사를 하고, 엘리베이터에서는 다른 종업원이 배웅합니다. 맛있는 음식에 친절한 서비스가 더해지니 배가 부를 수밖에 없습니다.

<하버드 비즈니스 리뷰Harvard business review>에서도 다뤄질 만큼 파격적인 접객 서비스를 바탕으로 하이디라오는 파죽지세로 성장합니다. 중국은 물론 싱가포르, 한국 등에서 500여 개의 점포를 운영하며 연 매출 3조 원을 달성하고 2018년에는 홍콩 증시에도 상장합니다. 하이디라오의 접객 서비스와 그 서비스에 만족한 고객 덕분입니다. 중국 매장의 경우 한 달에 한 번 이상 하이디라오를 찾는 고객 비율이 60%에 이를 정도입니다.

이렇게 접객의 끝판왕으로 자리 잡은 하이디라오는 2018년, 베이징에 눈에 띄는 매장을 오픈합니다. 로봇과 인공지능 기술을 이용해 재료 준비와 매장 서빙을 하는 스마트 식당을 연 것입니다. 주방에서는 사람의 팔처럼 움직이는 로봇들이 재료의 입고, 조리, 관리 등을 담당하며, 홀에서는 서빙 로봇이 음식을 손님들에게 전달합니다. 로봇 덕분에 주문하고 2분이면 테이블에 요리가 배달됩니다.

그렇다면 하이디라오는 로봇을 도입하면서 시그니처였

던 접객 서비스를 포기한 걸까요? 그럴 리가 없습니다. 조리의 전 과정을 로봇화하여 직원들이 하이디라오의 핵심인 접객 서비스에 집중할 수 있게 만드는 것이 스마트 식당 도입의 진짜 목적입니다. 재료를 마련하고 접시를 나르는 등의 단순 반복 작업은 로봇에 맡기고 종업원들은 고객 만족을 높일 수 있도록 고객 니즈를 더 세심하게 챙기는 데 집중합니다.

하이디라오처럼 접객 서비스가 핵심역량 중 하나인 레스토랑이야 접객 서비스를 강화하기 위해 로봇을 활용했다 해도, 보통의 매장에서는 인건비를 줄이기 위해서 로봇을 도입합니다. 하지만 로봇으로 개선한 운영 효율이 고객 경험을 해친다면 비용 절감이 매출 감소로 이어질 수 있습니다. 그렇기 때문에 로봇을 들일 때는 운영 효율만큼이나 고객 경험을 고려해 매장을 구성해야 합니다. 그렇다면 로봇과 공존하는 매장은 어떻게 설계해야 할까요? 상하이에 위치한 슈퍼마켓 '허마셴셩盒马鲜生' 내에 있는 '로봇 허Robot.He' 레스토랑을 참고해보면 힌트를 얻을 수 있습니다.

가정의 냉장고를 없애려는 슈퍼마켓 옆 레스토랑

"3km 안에 있는 고객에게 30분 내로 배송합니다."

슈퍼마켓인 허마셴성의 슬로건입니다. 신선식품을 포함해서 슈퍼마켓에서 파는 모든 제품을 30분 안에 배송해, 가정에 냉장고가 필요 없게 만드는 것을 목표로 합니다. 2016년에 상하이 1호점을 오픈한 이후 3년 만에 100개 이상의 점포를 열 정도로 성장세가 가파릅니다. 매장의 증가 속도보다 더 눈에 띄는 건 영향력입니다. 허마셴성이 배달을 지원하는 3km 내의 권역이냐, 아니냐에 따라 부동산 가격이 달라집니다. 허마셴성의 구역이라는 뜻의 '허취팡盒區房'이라는 신조어가 생겼을 정도입니다. 우리나라식으로 표현하자면 '허세권' 정도로 해석할 수 있습니다.

　명확한 컨셉으로 인기 가도를 달리고 있는 허마셴성의 매장 중 '상하이 국가 전시 컨벤션 센터Shanghai National Exhibition & Convention Center' 내의 매장을 특히 주목할 필요가 있습니다. 이곳에는 허마셴성의 모회사인 '허마盒马'에서 런칭한 로봇 허 레스토랑이 함께 입점해 있어 허마셴성뿐만 아니라 레스토랑의 미래를 동시에 경험할 수 있기 때문입니다. 로봇 허는 이름에서 유추할 수 있듯이 로봇이 레스토랑의 다양한 업무를 수행하는 곳입니다. 서빙 로봇, 분류 로봇, 정리 로봇 등이 종업원의 역할을 대신하며 새로운 고객 경험을 만들어 냅니다. 로봇 허는 로봇과 공존하며 레스토랑의 풍경을 어떻게 바꾸고 있을까요?

간판을 담당하는 서빙 로봇

상하이 국가 전시 컨벤션 센터 내의 로봇 허 매장은 150여 석의 큰 규모를 자랑합니다. 그도 그럴 것이 컨벤션 센터 내에 위치해 있어 관람객들이 몰려들 때는 이마저도 좌석이 모자라 줄을 서서 먹습니다. 그래서 컨벤션이 열리는 기간에는 매장 안팎으로 혼잡스러울 거 같은데, 막상 매장에 들어서면 의외로 분위기가 쾌적합니다. 서빙 로봇 덕분입니다. 로봇 허에서는 이 서빙 로봇이 종업원을 대신합니다. 하지만 단순히 로봇이 사람의 역할을 대신한다면 행위의 주체가 바뀔 뿐 과정은 동일할 텐데, 어떻게 매장의 혼잡함이 줄어드는 걸까요? 로봇을 도입하면서 종업원이 해야 할 일을 없애거나 효율적으로 대체했기에 가능한 일입니다.

　우선 주문을 받는 종업원의 역할을 대신하는 건 테이블 위에 놓여 있는 QR 코드입니다. QR 코드를 스캔하면 주문 페이지가 열리고 원하는 음식을 선택한 후 알리페이Alipay 등으로 결제를 하면 주문 접수가 완료됩니다. 이 과정에서 종업원의 존재가 필요 없어집니다. 로봇이 종업원을 대신해 테

1

상하이 국가 전시 컨벤션 센터 2층에 위치
한 로봇 허 매장입니다.

2

많은 좌석수에 비해 쾌적한 느낌을 주는 로
봇 허 내부 전경입니다.

3
[영상] 로봇 허의 로봇은 레일을 따라 고객
들에게 식사를 배달합니다.

이블로 가서 주문을 받거나 결제를 할 필요도 없습니다. 고객이 스마트폰을 통해 직접 처리하기 때문입니다. 이처럼 주문과 결제를 위해 사람이나 로봇을 부르는 고객도 없고, 사람이나 로봇이 테이블 사이를 돌아다니지 않으니 어수선함이 줄어듭니다.

고객이 주문한 음식을 테이블로 나르는 역할은 서빙 로봇이 합니다. 음식은 주방에서 테이블로 물리적으로 옮겨야 하기 때문에 이 역할을 로봇이 대체한다 하더라도 이동 동선이 생길 수밖에 없습니다. 그래서 종업원이 음식을 나를 때와 별반 다르지 않게 복잡할 수 있습니다. 하지만 로봇 허는 사람이 이동하는 공간과 서빙 로봇이 다니는 길을 별도로 구분해 문제를 해결합니다.

이 매장에는 T자 모양의 레일이 뼈대처럼 자리 잡고 있는데, 모든 테이블은 이 레일 옆에 붙어 있습니다. 이 레일 위로 서빙 로봇이 다니면서 음식을 나르기 때문입니다. 반듯하게 놓인 길로만 다니니 동시에 여러 로봇이 다녀도, 로봇이 자주 왔다 갔다 해도 복잡하지 않습니다. 게다가 하나의 접시만 나를 만큼 로봇의 크기가 작아 시야를 방해하지도 않습니다. 그뿐 아니라 길을 분리해두니 사람과 로봇이 이동할 때 동선에 간섭이 생기는 걸 방지하는 효과도 있습니다. 이렇게 서빙 로봇의 길을 따로 만든 덕분에 주방에서 테이블까지 음식을 나르는 데 40초를 넘지 않습니다.

숨어서 보조하는 분류 로봇

서빙 로봇이 정해진 길을 따라 돌아다니는 로봇 허 레스토랑은 허마센셩과 공간을 함께 쓰고 있습니다. 입구를 기준으로 왼쪽이 로봇 허고 오른쪽이 허마센셩입니다. 물론 둘 다 허마에서 운영하고 있어서 공간을 공유하는 이유도 있겠지만, 두 매장이 붙어있는 데는 또다른 이유가 있습니다. 이를 이해하기 위해서 3km 안에 있는 고객에게 30분 내로 배송해주는 허마센셩의 서비스에 대해서 살펴보겠습니다.

애플리케이션을 통해서 고객이 주문을 하면 마트 안에 대기 중이던 직원이 10분 안에 주문 상품을 장바구니에 담습니다. 그리고 이 장바구니를 컨베이어 벨트 역할을 하는 로봇 팔에 걸면, 로봇 팔이 장바구니를 물류 창고로 이동시킵니다. 이때 컨베이어 벨트는 지면에 있는 것이 아니라 천장에 설치되어 있어 이동 동선이 최적화되어 있을 뿐만 아니라 고객의 쇼핑 경험을 해치지도 않습니다. 물류 창고로 옮겨진 장바구니를 분류 로봇이 배송 위치 등을 고려해 구분하면, 배

1
수산물 요리를 주문한 고객 중 재료를 직접
고르고 싶은 고객은 레스토랑 옆에 있는 허
마셴셩에서 수산물을 선택할 수 있습니다.

盒马鲜生

🕐 最快30分钟送达 ⚡

3

2
천장의 컨베이어 벨트는 매장 고객에게 쾌적한 쇼핑 경험을 제공하면서도 온라인 고객에게는 빠른 배송이 가능하도록 합니다.

3
허마셴셩에서는 매장 3km 내에 위치한 고객에게 30분 내로 배송을 완료합니다.

달원들이 이 장바구니를 20분 내로 고객에게 배송합니다. 결국 10분 내에 장바구니를 구성해 배달원에게 전달하는 게 핵심인데, 이를 컨베이어 벨트와 연계된 분류 로봇이 도와주는 것입니다.

이와 같은 허마셴셩의 시스템이 로봇 허에도 적용됩니다. 허마셴셩에서 고객이 직접 고른 수산물을 컨베이어 벨트를 통해 로봇 허로 배송하면, 로봇 허의 셰프들이 요리해 제공합니다. 장바구니를 전달받는 대상이 배달원이 아니라 셰프일 뿐 전달하는 방식은 같습니다. 고객이 수산물 코너에서 랍스터, 대왕조개 등의 요리 재료를 구매한 후, 어떻게 요리할지를 선택하면 장바구니가 컨베이어 벨트를 타고 로봇 허로 이동합니다. 이렇게 집하된 장바구니들을 분류 로봇이 음식의 종류, 조리 전까지의 대기 시간 등을 고려해 분류해 놓으면 셰프들이 주문 내역에 맞춰 요리를 합니다.

물론 모든 주문이 이러한 방식으로 이뤄지는 것은 아닙니다. 수산물 요리를 주문한 고객 중에 재료를 눈으로 확인하고 싶거나 재료를 직접 고르는 재미를 즐기려는 고객들이 선택적으로 이용합니다. 컨베이어 벨트와 분류 로봇을 활용한 허마셴셩의 배송 시스템 덕분에 로봇 허에서는 여느 곳에서는 상상하기 어려운 새로운 고객 경험을 할 수 있습니다.

역할을 키워가는 정리 로봇

서빙 로봇과 분류 로봇으로 미래 지향적 고객 경험을 만드는 로봇 허는 상하이에 2개의 매장을 두고 있습니다. 상하이 국가 전시 컨벤션 센터 내에 있는 매장은 2호점인데, 여기에는 1호점에는 없는 로봇이 하나 더 있습니다. 바로 정리 로봇입니다. 이 로봇은 고객이 식사를 마치고 호출을 하면 테이블로 가서 빈 그릇을 싣고 주방으로 옮기는 일을 합니다. 테이블을 정리하는 종업원의 역할을 대신하는 것입니다.

이 정리 로봇은 서빙 로봇과 차이가 있습니다. 우선 크기가 큽니다. 서빙 로봇이 하나의 접시만 운반할 수 있는 반면 정리 로봇은 몸통에 4칸의 수납공간이 있어 한 번에 여러 접시를 실을 수 있습니다. 또한 서빙 로봇이 로봇만 다닐 수 있는 레일 위를 이동하는 것과 달리 정리 로봇은 고객이 다니는 길로 이동합니다. 그뿐 아니라 맥락적인 측면에서도 다른 점이 있습니다. 이 부분을 이해하기 위해서는 서빙 로봇과 정리 로봇이 기능하는 방식을 들여다봐야 합니다.

두 로봇 모두 고객의 도움 없이는 온전한 기능을 수행하지 못합니다. 로봇이 운반한 접시를 테이블로 내리거나 테이블의 빈 그릇을 로봇에 싣는 일은 고객이 해야 합니다. 이때 고객이 서빙 로봇의 일을 돕는 이유는 분명합니다. 그렇지 않으면 식사를 할 수 없기 때문입니다. 반면 정리 로봇을 도울 유인은 명확하지 않습니다. 정리 로봇을 부르고 기다리는 불편을 감수할 필요 없이 다 먹은 접시를 테이블 위에 둔 채 나서면 그만입니다. 정리 로봇이 무용지물이 될 수 있는 것입니다. 그래서 로봇 허는 금전적 보상 체계로 고객이 정리 로봇에 협조할 이유를 만듭니다. 방식은 간단합니다. 정리 로봇에 빈 그릇을 실어주면 추가 비용이 발생하지 않지만, 반대의 경우에는 30위안(약 6,000원)을 별도로 청구합니다. 빈 그릇을 치우지 않은 대가로 지불하기에는 아까운 금액입니다.

이처럼 보상 체계 없이 작동하기 어려운 정리 로봇은 아직 완성도가 높지는 않습니다. 사람이 다니는 길로 다녀 고객과 부딪칠 수 있고, 그래서 이동 속도도 느립니다. 서빙 로봇이 독립적인 길에서 신속하게 음식을 나르는 것과는 대조됩니다. 그렇다고 정리 로봇 도입이 의미가 없는 것은 아닙니다. 로봇을 통해 인력 효율화를 완성하려면 종업원이 하는 모든 역할을 대체할 수 있어야 하기 때문입니다. 초기 단계라 개선할 여지가 많지만, 서빙 로봇이 그러했듯이 정리 로봇도 진화할 것입니다. 서빙 로봇의 경우 1호점에서는 로봇이 다니는 길을 2차선으로 만들어 이동 방향을 지정해줘야 로봇

간 부딪침이 없었지만, 2호점에서는 1차선으로 줄여도 사고가 나지 않게 진화했습니다. 로봇의 길을 줄인 만큼 테이블을 더 설치하거나 매장 공간에 여유를 줄 수 있는 장점이 생깁니다. 정리 로봇이 다음 버전에서 더 개선될 거란 기대를 할 수 있는 이유입니다.

인건비가 설명하지 못하는 것들

로봇 허가 아직은 완성도가 낮은 정리 로봇까지 도입하면서 종업원이 하는 모든 일을 대체하려는 이유는 무엇일까요? 물론 인건비를 절감하려는 목적이 큽니다. 하지만 인건비 절감만으로 로봇의 효용을 충분히 설명하기는 어렵습니다. 종업원을 대신하는 로봇들은 인건비 너머에 보이지 않는 문제들을 해결해주는 역할을 합니다.

먼저, 종업원을 고용할 때 인건비만 드는 게 아닙니다. 인건비의 범주를 4대 보험, 주휴 수당, 퇴직금 등을 다 포함하는 비용이라 해도, 여전히 고용할 때 추가로 들어가는 비용이 있습니다. 교육비입니다. 새로운 종업원이 입사하면 메뉴 숙지 등 매장 운영 전반에 대해 익숙해질 때까지 교육이 필요한데, 교육을 담당할 직원이 따로 있건 아니면 기존 종업원이 인수

인계하건 별도의 비용이 들어갑니다. 미국의 레스토랑 리서치 업체인 TDn2K에 따르면, 미국의 경우 서빙 직원이 이직해서 새로 고용할 때 드는 비용이 약 2,000달러(약 220만 원)입니다.

더 큰 문제는 종업원 이직이 어쩌다 한 번 있는 일이 아니라는 것입니다. 미국 노동 통계청 자료에 의하면, 미국에서 레스토랑 종업원의 이직률은 72.9%로, 민간 부문 전체 이직률보다 1.5배 이상 높습니다. 미국의 상황이긴 하지만 국가별로 정도의 차이가 있을 뿐 레스토랑 종업원의 이직률이 타 업종 대비 높은 건 공통적 현상입니다. 당연히 종업원의 이직 횟수가 늘어날수록 새로 고용할 때 드는 비용은 증가합니다.

교육비를 감당한다 해도 문제는 또 있습니다. 종업원들의 근무 성실도입니다. 물론 맡은 바 일을 책임감 있게 하는 종업원도 있지만, 그렇지 않은 경우도 있습니다. 종업원이 어떤 이유에서건 갑작스레 지각하거나, 결근하는 등의 이슈가 발생하면 매장 운영이 어려워집니다. 그렇다고 인력을 넉넉하게 고용하자니 인건비에 비효율이 생깁니다.

이러한 보이지 않는 문제로 인해 로봇을 도입하려는 시도가 로봇 허를 비롯해 전 세계 곳곳의 레스토랑에서 이뤄지고 있습니다. 로봇이 종업원의 역할을 대체하는 과정을 바람직하게만 볼 수는 없지만, 그렇다고 비관적으로 바라볼 일도 아닙니다. 인간의 터전으로 들어온 로봇을 적절히 활용하여 공존할 수 있다면, 이전엔 경험할 수 없었던 풍요로움을 누릴 수 있기 때문입니다. 로봇을 만드는 기술이 발전하는 만큼, 로봇과 함께하는 기술도 진화할 것입니다.

새로운 생각에는
저마다의 유효기간이 있습니다

뭘 할지는 모르지만 아무거나 하긴 싫은 상태가 기획자의 기본값입니다. 프롤로그에서 설명했듯이, 새로워야 하는데 새로운 생각을 떠올리는 게 쉽지 않은 일이기 때문입니다. 고민에 고민을 거듭한 끝에 찾은 아이디어를 결과물로 구현한다 하더라도, 그리고 그것이 세상의 호응을 얻는다고 하더라도 또 다른 문제에 맞닥뜨리게 됩니다.

　새로울지 모르지만 언제까지 새로울 수 없는 상태가 새로움의 기본값입니다. 새로움에는 유효기간이 있다는 뜻입니다. 무엇을 기획했는지에 따라 유효기간이 달라질 순 있어도, 시간이 지나면 새로움은 또 다른 익숙함으로 바뀝니다. 뭘 할지는 모르지만 아무거나 하기 싫어서 고심 끝에 만들어낸 결과물이, 새로울지 모르지만 언제까지 새로울 수 없는 상태에 빠지게 되는 것입니다. 이럴 때는 어떻게 해야 하는 걸까요?

　방법은 2가지입니다. 유효한 새로움을 다시 찾아 나서든가, 아니면 새로움의 유효기간을 연장하든가. 보통의 경우에는 전자를 선택합니다. 결과물을 만들었을 때 눈에 더 띄고, 새로운 새로움을 찾는 과정에서 생각의 괴로움이 생기는 만큼이나 생각의 기쁨을 누릴 수 있기 때문입니다. 그럼에도 불구하고 후자를 선택하는 기획자들도 있습니다. 그들에게는 새로움만 좇는 것이 아니라, 세월의 흔적이 만드는 가치를 담으려는 마음이 있습니다.

유효기간을 연장하면서, 시간을 이겨낸 새로움은 클래식이 됩니다. 세상의 어떤 클래식도 처음부터 클래식으로 시작하지는 않았습니다. 처음 등장했을 때는, 그 당시의 새로움이었습니다. 시간이 흐르면서 새로움이 무뎌졌겠지만 시대에 맞게 새로워지면서 유효기간을 늘린 덕분에 클래식으로 자리 잡게 된 것입니다. 그렇게 시간을 이겨낸 새로움에는, 이제 막 등장해 세상을 들썩이게 하는 새로움과는 또 다른 멋이 있습니다.

이 책에서 소개한 곳들이 시간을 이겨내고 클래식이 될지는 알 수 없습니다. 트렌드도 빠르고, 경쟁이 치열한 식음료 업계의 사례라 더더욱 새로움의 유효기간을 늘리기 어려울지 모릅니다. 그렇지만 새로움의 유효기간에 다다랐을 때, 또 다른 새로움을 택하기보다 시간에 따라 새로워지며 클래식이 되려는 곳들도 있을 것입니다. 이를 결정하는 것은 새로움을 만드는 방법이 아니라 새로움을 대하는 관점입니다.

유행을 선도하는 새로움을 만드는 것과, 시간을 이겨내는 새로움을 만드는 것 중 무엇이 더 나은지를 판단하기는 어렵습니다. 철학적 측면에서 봐도, 비즈니스적 측면에서 고려해도 정답은 없습니다. 하지만 분명한 것은 유효기간이 짧은 새로움만 추구한다면, 새로움이 주는 가치의 반쪽을 잃게 된다는 것입니다. 트렌드와 클래식 사이의 균형감각이 필요합니다.

《뭘 할지는 모르지만 아무거나 하긴 싫어》는 새로움을 추구하면서 미래를 만들어가는 사람들을 위한 책입니다. 사업, 전략, 마케팅, 콘텐츠, 제품, 서비스 등의 영역에서 기획 관련 업무를 하는 사람들이 생각의 재료를 발견할 수 있는 참고 자료이자, 아이디어를 떠올릴 수 있도록 돕는 자극제이기도 합니다. '여행에서 찾은 외식의 미래'라는 부제에서 알 수 있듯 이번 책에서는 식음료업에 대한 사례를 소개했지만, 이후에는 리테일, 호텔 등의 업을 다룰 계획입니다.

물론《뭘 할지는 모르지만 아무거나 하긴 싫어》에서 소개하는 곳들과 설명하는 내용이 생각의 재료를 수집하는 절대적인 관점과 기준은 아닙니다. 다만 생각의 재료를 찾아내는 하나의 렌즈이자, 새로운 아이디어를 떠올리기 위한 단초가 될 수는 있습니다. 이 책이 존재하는 이유는, 이것으로도 충분합니다.

《뭘 할지는 모르지만 아무거나 하긴 싫어》의 마지막 페이지를 덮기가 아쉽거나, 도시별로 더 다양한 새로움이 필요하시면 www.bagtothefuture.co를 방문해 보세요.

"궁극적으로 모든 책이 '거대한 한 권의 책'이 되리라고
생각합니다. 모든 디지털책과 종이책은 이 한 권의 책의
일부입니다."

아마존 킨들 개발자 제이슨 머코스키Jason Merkoski가 말하는 콘
텐츠의 미래입니다. 책에서 참고한 내용들이 하이퍼링크로 연
결되어 거대한 한 권의 책이 될 수 있다는 뜻입니다.

독서 경험은 시작부터 끝까지 한 방향으로 읽는 정적인 독
서 경험에서 한 책에서 다른 책으로 넘나들며 역동적이고 다양
한 독서 경험을 할 수 있는 환경으로 바뀌고 있습니다. 그래서
《뭘 할지는 모르지만 아무거나 하긴 싫어》 콘텐츠를 제작하
면서 참고했던 책, 잡지, 아티클, 블로그, 동영상 등의 자료들
을 링크와 함께 공유합니다. 여행에서 발견할 수 있는 생각의
재료에 대해 더 많은 궁금증이 생긴다면 참고하시기 바랍니다.

01 잇 달링 잇

- 잇 달링 잇 공식 홈페이지: www.mingfathouse.com/ede
- Eat Darling Eat – Deconstructed Hong Kong Local Desserts Such As Tong Sui Papaya, At Causeway Bay, Daniel Food Diary: bit.ly/30IXJgH
- Eat darling eat opens in Hong Kong, Retail News Asia: bit.ly/2HyhNeh
- Eat Darling Eat – Hong Kong, China, Wallpaper: bit.ly/30MsKR8
- Michelin Guide Hong Kong Street Food, Michelin Guide: bit.ly/2PxQFCO
- New Chinese Mothers Feast on Pickled Pigs' Feet, Vice: bit.ly/2Lf7OM1
- 건축가들을 통해 알아보는 포스트모더니즘 디자인, 아트 인사이트: bit.ly/2ZzN9HA

02 스미스 앤 슈

- 스미스 앤 슈 공식 홈페이지: www.smithandhsu.com
- Taiwanese tea, Wikipedia: bit.ly/2LldTNg
- 차(茶) 감식가들 조차 맛보기 힘든 귀한 우롱차 '동방미인', 조선일보: bit.ly/2L3EPvR

03 비하인드 바

- 비하인드 바 공식 홈페이지: www.jiagroup.co/restaurant/behind-bars
- 비하인드 바 인스타그램: www.instagram.com/behindbars.hk
- Victoria Prison, Wikipedia: bit.ly/2ktE8kZ
- 홍콩 전당포, 60년의 역사와 현재, 홍콩 수요 저널: bit.ly/2L0Ibj9
- 홍콩의 전당포, Courbet의 브런치: bit.ly/2HtawfK
- 홍콩의 근대문화유산 보전, 경북일보: bit.ly/2zv8KX1
- Centre for Heritage and Art / Herzog & de Meuron, Archdaily: bit.ly/2HwPkpm

04 인 시투

- 인 시투 공식 홈페이지: insitu.sfmoma.org
- 런던 박물관 기행 (박보나 지음, 디지털북스): bit.ly/2ZBgG7Q
- The Cast Courts (Angus Patterson, Marjorie Trusted 지음, V&A Publishing): amzn.to/2HyVDbI

- Q&A Michelin stars, The Guardian: bit.ly/2Zy6i0y
- Corey Lee's collection of masterpieces, Lucky peach: bit.ly/2L7cJQf
- 결국 이기는 힘 (이지훈 지음, 21세기북스): bit.ly/2Uf5dFZ
- 한국계 셰프 코리 리의 독창성이 빛나는 레스토랑, HER Report의 브런치: bit.ly/2UaLuHz
- Chef Corey Lee's SFMOMA restaurant breaks the rules, San Francisco Chronicle: bit.ly/2zyOlk1

---

05 써니힐즈

- 써니힐즈 공식 홈페이지: www.sunnyhills.com.tw
- 춘수당 공식 홈페이지: www.chunshuitang.com.tw
- 펑리수, 위키피디아: bit.ly/30NP8cY
- SunnyHills – the King of Pineapple Cakes, taichung.guide: bit.ly/2UhiVs2
- SunnyHills – Gourmet Taiwanese Pineapple Cakes, MISS TAM CHIAK: bit.ly/2ZpHI2C
- Spotify's revenues from 2012 to 2018, by segment (in million euros), Statista: bit.ly/32cbZPG

---

06 원 하버 로드

- 그랜드 하얏트 원 하버 로드 공식 홈페이지: bit.ly/2UaYmgl
- Hong Kong Cray ! ATUM Desserant Next Level Contemporary Dessert, That Food Cray: bit.ly/2ZmQ5w5
- Chef's Table, Emmy's: bit.ly/30LVIAt

---

07 드래프트 랜드

- 드래프트 랜드 공식 홈페이지: www.draftland.tw
- "No garnish, no bullshit" – Angus Zou re-thinks cocktail service, plus two other Taipei openings, DRiNK: bit.ly/2NFdyRW
- 欧米の「ドラフトカクテルブーム」が、ついにアジアへ!、TABI LABO: bit.ly/2ZsnDrX
- 把自己做好，就是讓別人也好：Draft Land 創辦人 Angus 的調酒對談, NOM Magazine: bit.ly/2LLi9xS

- 雞尾酒創新之路, 跳出吧檯的冠軍調酒師：專訪Draft Land創辦人鄒斯傑 Angus, GQ Taiwan: bit.ly/2MHc6Pu
- Bartender Salary, SALARYEXPERT: bit.ly/2NErple
- Menu-less, extremely popular hole-in-the-wall cocktail bar, HereNow: bit.ly/2ML9Aro
- Bartender Salary, SALARYEXPERT: bit.ly/2NErple

---

08 테이스트 키친

- 트윈스 키친 공식 홈페이지: www.twins-kitchen.com
- 테이스트 키친 인스타그램: www.instagram.com/pmqtastekitchen
- 막심스 공식 홈페이지: bit.ly/2NCpC6B
- 파리 샹젤리제 상가 임대료, 아파트 임대료의 50배, 세계한인언론인협회: bit.ly/32k1jOZ
- PMQ TASTE KITCHEN, IDA&BILLY ARCHITECTS: bit.ly/2ZyU6Zw
- THE TWINS WHO ARE RETHINKING HONG KONG'S APPROACH TO FOOD, Zolima City Magazine: bit.ly/30IlrIV
- What Matters To Me: Caleb Ng, Culinary Entrepreneur, Asia Tatler Generation T: bit.ly/30HMIwl
- PMQ Taste Kitchen Experience, g4gary blog: bit.ly/2ZyGKAv
- Twins Kitchen is back with a brand new concept, #legend: bit.ly/2HwHo7h

---

09 베리 브로스 앤 러드

- 베리 브로스 앤 러드 공식 홈페이지: www.bbr.com
- 리벡스 공식 홈페이지: www.liv-ex.com
- 드링크업 런던 공식 홈페이지: www.drinkup.london
- British Wine Benefits as the Climate Changes, The New York Times: nyti.ms/340vrQW
- A changing market: the role of a fine wine exchange, Liv-ex: bit.ly/2Zsos41
- Wine merchant Berry Brothers & Rudd sets up shop in Hong Kong, South China Morning Post: bit.ly/30IfxJ5
- Wine market – Growth, Trends, and Forecast (2019 - 2024),

Mordor Intelligence: bit.ly/2GAvg70
- Number of millionaires in Singapore from 2013 to 2023 (in thousands), Statista: bit.ly/2ZyrqzP
- Berry's to open office in Singapore, the drink business: bit.ly/2ZrmmRS

10 레시오

- 레시오 공식 홈페이지: www.myratio.com
- RATIO wants to break open the cocktail industry with technology, DRiNK: bit.ly/2NAuEAx

11 보틀로켓

- 보틀로켓 공식 홈페이지: www.bottlerocket.com
- Bottlerocket Breaks The Mold, MARKET WATCH: bit.ly/2L0watX
- 일의 언어 (클레이턴 크리스텐슨 외 지음, 알에이치코리아): bit.ly/30Ki852
- 인공지능 비즈니스 트렌드 (테크니들 지음, 와이즈맵): bit.ly/2HxDZFi
- 디맨드 (에이드리언 슬라이워츠키 · 칼 웨버 지음, 다산북스): bit.ly/2kPldkH

12 로봇 허

- 직원이 먼저 다가와 손님을 즐겁게, 조선일보 위클리 비즈: bit.ly/2k7DMjS
- 이거 중국회사 맞아? 세계가 깜놀 스마트 레스토랑 하이디라오, 뉴스핌: bit.ly/2lEThAg
- 알리바바가 온다 (임정훈 · 남상춘 지음, 더 퀘스트): bit.ly/30Ki852
- 도시생활 바꾸는 미래 상점, 알리바바 신소매 현장 허마셴셩 다시 가보니..., 뉴스핌: bit.ly/2Yxx7Ov
- 중국의 유통혁신 실험...펄떡이는 새우도 30분 만에 집으로, 매일경제: bit.ly/2lY9la
- 盒马开到进博会: 餐厅内机器人服务, 展馆内享30分钟外送, 澎湃新闻: bit.ly/2jY7xTY
- 小机器人给你上菜啦! 盒马2.0版机器人餐厅进驻国展中心服务进博会, 新浪网: bit.ly/2lUXnEe
- 미국 레스토랑 '웨이터' 부르는 소리 사라져간다, 조선일보: bit.ly/2m3BzXn